Las mejores recetas de la historia

Las mejores recetas de la historia

MARÍA JOSÉ MARTÍNEZ Y VÍCTOR GARCÍA

Papel certificado por el Forest Stewardship Council®

Primera edición: septiembre de 2020

Diseño de la cubierta: Penguin Random House Grupo Editorial / Anna Puig
Diseño de interior: Penguin Random House Grupo Editorial / David Ayuso
Imágenes de cubierta y portadillas: © 2020, Albright Knox Art Gallery/Art Resource, NY/Scala, Florence;
The Picture Art Collection / Alamy Foto de stock; Hunter Bliss Images / shutterstock
Diseño del logo de Las Recetas de MJ: © Cristina Reina

Printed in Spain – Impreso en España

ISBN: 978-84-17809-63-8
Depósito legal: B-8.141-2020

Compuesto en M. I. Maquetación, S. L.

Impreso en Índice
Barcelona

PB 0 9 6 3 8

Penguin
Random House
Grupo Editorial

A nuestros padres

Índice

PRÓLOGO

Posiblemente ser *youtuber* sea uno de los mejores trabajos del mundo. Sí, hacer vídeos para YouTube es maravilloso, por la libertad e independencia que te ofrece y por la enorme cantidad de gente a la que puedes llegar. Pero también es una selva. Los *youtubers* de cocina, como los imperios a lo largo de la historia, viven en una continua guerra. No es que nos llevemos mal, al contrario. Casi todos nos conocemos en persona, hemos compartido eventos, información y, como no podía ser de otra forma, mesa. Se puede decir, de hecho, que nos llevamos extraordinariamente bien. Pero cuando llega la hora de subir contenido a la plataforma, los *youtubers* de cocina no hacen prisioneros. Van a por todas. Cazar al suscriptor es la única opción, y para ello nada mejor que un título atractivo, llamativo, irresistible... En esa lucha constante por los visionados, el *youtuber* de cocina empezó a usar títulos del estilo: «La mejor tarta de queso del mundo», «El mejor bizcocho del mundo», «La ensalada más famosa del mundo», «El pollo asado definitivo» o «No te imaginas lo bueno que está este plato».

Cuando pensamos en un formato tan diferente y atrevido como el de combinar los personajes históricos con una receta relacionada, no sabíamos muy bien cómo llamar la atención. Todo comenzó con una prueba, «La comida favorita de los presidentes de EE.UU.». El experimentó funcionó y gustó. Para la primera entrega oficial de esta nueva serie elegimos a Napoleón Bonaparte y el pollo a la Marengo. Eran un personaje y un plato tan potentes que lo de «el mejor del mundo», por manido, se quedaba pequeño. Así que fuimos un paso más allá, decidimos conquistar un territorio nuevo. Nuestras recetas sobre grandes personajes no iban a ser las mejores del mundo, sino las mejores de la historia. Así nació la serie #LaMejorRecetaDeLaHistoria.

¿Es este un libro de recetas o de historia? Podríamos decir que es un libro de recetas para apasionados de la historia. O un libro para aquellos a los que les gusta arremangarse en la cocina y están buscando recetas diferentes a lo habitual. Incluso para aquellos a los que, sin ser especialmente amantes de una u otra cosa, les interese una mezcla tan poco frecuente como la que propone este libro.

Nos gustan los personajes históricos y sentimos curiosidad por lo que comían en cada época, pero en las recetas hemos dado prioridad a que estas se puedan hacer fácilmente en casa y que salgan bien. Y, por supuesto, que estén ricas. Por ello no encontraremos recreaciones fieles de la época, sino adaptaciones para que todos podamos prepararlas usando técnicas e ingredientes actuales. De otra forma, no tendría ningún sentido. Este libro y sus recetas están pensados para que cocinéis en casa los platos y, cuando los sirváis, podáis contar una historia interesante a vuestros invitados.

Por último, veréis un apartado dedicado al cine en cada uno de los capítulos. La gran pantalla es otra de nuestras pasiones. Acercarse a la historia a través de las películas quizá no sea lo más riguroso, pero sin duda no hay nada más emocionante. Este apartado debe tomarse como una serie de recomendaciones de películas que se sitúan en un momento histórico concreto. Es el broche a una velada perfecta. Imaginad una comida o cena con invitados. Les servimos, por ejemplo, el estofado vaquero del Salvaje Oeste. Luego, de postre, el *cobbler* de arándanos. Mientras comemos, les hablamos de los personajes míticos que poblaron aquellas tierras y de todo aquello que comían. Y, para acabar, ponemos una película de John Ford. ¡No podemos imaginar un plan más redondo!

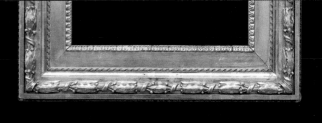

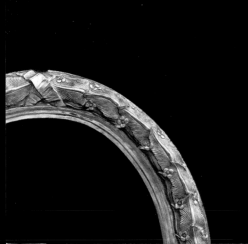

SIGLO V a. C.

Jerjes contra Leónidas

Persas y espartanos no comparten mesa

En Mesopotamia los hombres dejaron de ser nómadas y se asentaron por vez primera para labrar la tierra. Allí nacieron las ciudades-estado y los primeros imperios. No solo surgió la agricultura, también la escritura, el comercio y la rueda. Sumerios, acadios, amorreos, asirios, caldeos... Antes del reinado persa, la civilización se abrió paso en Mesopotamia durante la friolera de ocho mil años. Grandes reyes y ciudades espléndidas se fueron sucediendo a orillas del Éufrates y el Tigris durante todos esos años, hasta que llegaron los persas.

Ciro el Grande fundó el Imperio persa y se convirtió en el rey más poderoso del mundo. Darío fue el mejor gobernante, pacificó la zona y consiguió que estuviera comunicada de forma extraordinaria. Su hijo Jerjes (nieto materno de Ciro) heredó el mayor imperio jamás conocido: se extendía desde más allá de Egipto hasta casi la India. Su enorme ejército hizo frente a todas las rebeliones que fueron surgiendo. La destrucción de la gloriosa ciudad de Babilonia o el sometimiento de Egipto fueron pruebas de su implacable poder. No hicieron el mismo trabajo sus sucesores, enfrascados en guerras civiles que acabaron debilitando el imperio. Un siglo y medio después de que Jerjes incendiara Atenas, el conquistador macedonio Alejandro hizo lo propio con Persépolis y puso fin al dominio aqueménida. Siglos después, la dinastía de los sasánidas devolvió la gloria a los persas.

La comida

Teniendo en cuenta la gran extensión del imperio, debió de haber una alimentación muy variada con múltiples influencias: Egipto, Grecia, la India, incluso China.

Tanto los antiguos mesopotámicos como los egipcios llegaron a producir una gran diversidad de alimentos gracias al desarrollo de la agricultura: trigo, cebada, legumbres, cebolla, ajos, berenjenas, higos, dátiles, granadas, melones o almendras. Antes y durante el período persa se amplió aún más la variedad de frutas y verduras cultivadas: melocotones, zanahorias, espinacas, nueces, sandías, uvas, limones, naranjas... ¿Hay alguna verdura o fruta en Europa que no provenga de Oriente Próximo? ¿O de América?

El rey Darío puso especial empeño en la búsqueda y producción de nuevos alimentos. Las especias y la caña de azúcar llegaron de la India a través del comercio. El arroz pudo haber llegado de China, aunque no se sabe exactamente en qué época. El pan y la cerveza eran alimentos básicos. El pescado, la ganadería, la caza y el vino llevaban tiempo unidos a la fiesta. Las carnes domésticas principales eran el cordero, el pollo, el buey o el caballo. De la vaca, la cabra y la oveja se obtenía la leche, un ingrediente primordial para los persas.

En Mesopotamia y en todo el Imperio persa la cocina se sofisticó. No solo se cocinaba a la brasa, también aparecieron la fritura y las cocciones largas, que ablandaban las carnes y se mezclaban con todo tipo de verduras, frutas y especias. Se extendió el uso de los aceites vegetales, de oliva y de sésamo. Hablamos de varios siglos transcurridos en tierras grandes y distantes, de imperios en movimiento que fueron asimilando todo aquello que iban conquistando, incluida la alimentación.

Tras los sasánidas, llegaron a dominar estas tierras los árabes, y su poder se extendió más allá de lo imaginable, hasta el norte de África y la península Ibérica. Fueron los árabes quienes llevaron muchos de estos alimentos a Europa, incluso más que los griegos y los romanos. Pero eso lo veremos más adelante.

Trescientos espartanos

En el 480 a. C. Jerjes se dispuso a vengar la humillante derrota que su padre Darío había sufrido ante los griegos. El ataque de su ejército, por tierra y mar, debía ser definitivo y supondría someter de una vez por todas a las orgullosas ciudades griegas. Estas ciudades estaban en guerra continua entre sí, salvo cada cuatro años, cuando se celebraban las Olimpiadas, o cuando algún enemigo exterior atacaba. En ese caso, solían unirse por su propio interés y supervivencia.

Cuando Jerjes entró en Grecia sin apenas oposición, su ejército se vio frenado en el desfiladero de las Termópilas, donde le esperaban el rey Leónidas de Esparta y sus trescientos espartanos. En realidad, no eran solo trescientos, ya que cada espartano luchaba junto con varios de sus esclavos y también se unieron a aquella batalla soldados de otras ciudades. En cualquier caso, la desigualdad en número era exageradamente favorable para los persas. El propio Jerjes comandó a su ejército en una batalla decisiva para abrirse paso hasta el corazón de Atenas. Sin embargo, delante tenía nada menos que a Leónidas y sus espartanos.

Esparta era una ciudad absolutamente entregada a su ejército. Los niños iniciaban su vida militar a los siete años. Desde ese momento dejaban de pertenecer a sus padres para servir al Estado. El entrenamiento era durísimo, tanto física como mentalmente. Su escudo era el símbolo de su valor. Cuando las madres despedían a sus hijos, que marchaban a la guerra, les decían: «Con el escudo o sobre él». Es decir, o volvían victoriosos con el escudo o muertos sobre él. No existía mayor deshonra para una familia que tener un hijo cobarde. No era un pueblo conquistador, lo justo para disponer de suficientes recursos y, muy especialmente, de esclavos. La comida más famosa del soldado espartano era el caldo negro, hecho a base de cerdo y salsa de su sangre y vino. Al parecer, era tan poco sabroso que se decía que para comerlo era necesario acompañarlo de tres ingredientes: cansancio, hambre y sed.

Así eran los espartanos a los que Jerjes hizo frente en las Termópilas. Su grupo de élite formado por diez mil soldados se estrellaba una y otra vez contra Leónidas. Es probable que nunca hubieran podido cruzar aquel desfiladero si los espartanos no hubieran sido traicionados. Un paso oculto, solo conocido por los griegos, permitió a Jerjes avanzar, rodear y aplastar a los espartanos. Cortó la cabeza de Leónidas y la empaló. Pero los espartanos no murieron en vano. La flota persa fue sorprendentemente destruida y Atenas, con todos sus recursos y habitantes evacuados, solo pudo ser incendiada. Jerjes y su ejército, ante la imposibilidad de someter a los griegos, regresaron inexplicablemente con el rabo entre las piernas.

El gran rey persa vivió el resto de sus días retirado en su envidiable harén, construyendo y ampliando palacios en Persépolis, lo más alejado posible de los griegos. Murió a los cincuenta y tres años, asesinado por el jefe de su guardia real, lo que dio origen a todo tipo de intrigas palaciegas. Un final muy de la época.

En el cine

Uno de los cuatro episodios de la magistral *Intolerancia* (*Intolerance*, 1916), de D. W. Griffith, narra la caída de Babilonia a manos de Ciro el Grande.

Pero, por alguna razón, el cine no ha prestado demasiada atención a esta época tan apasionante. Lo más cercano serían las adaptaciones de algunos pasajes de la Biblia, donde se habla de muchos reyes y acontecimientos de la Antigüedad. *Los diez mandamientos* (*The Ten Commandments*, 1956), de Cecil B. De Mille, se centra en Egipto y el éxodo hebreo. *Sansón y Dalila* (*Samson and Delilah*, 1949), también de De Mille, se ambienta en la Palestina de los filisteos. *La Biblia* (*The Bible: In the Beginning*, 1966), de John Huston, transcurre desde el principio de los tiempos hasta la construcción de la torre de Babel, pasando por el Diluvio Universal o Sodoma y Gomorra. *Salomón y la reina de Saba* (*Solomon and Sheba*, 1959), de King Vidor, nos lleva hasta el esplendoroso reino de Israel.

Una película de notable éxito sobre la batalla entre Jerjes y Leónidas es *El león de Esparta* (*The 300 Spartans*), dirigida por Rudolph Maté en 1962. Aún más taquillera fue la más reciente *300*, dirigida en 2006 por Zack Snyder, un espectáculo estético bañado de efectos especiales y basado en la novela gráfica de Frank Miller.

FESENYÁN PERSA

El fesenyán es un plato típico persa lleno de contrastes, más suave que un curry indio, pero igual de exótico. Las especias, las nueces y la granada se erigen como grandes protagonistas. Por ello, para saborear este plato en todo su esplendor es recomendable usar estos ingredientes. Es un guiso muy antiguo que aún hoy en día se consume en Irán.

Si no queréis hacer la melaza de granada, podéis sustituirla por miel. Este plato se puede acompañar con arroz basmati con azafrán o incorporando garbanzos cocidos al guiso 15 minutos antes de finalizar la cocción.

👤 6-8 personas
🕐 90 min

Ingredientes

· 1,5 kg de pollo sin piel y troceado
· 200 g de nueces peladas
· 2 cebollas
· 6 dientes de ajo
· 850 ml de caldo de pollo
· ½ rama de canela
· 2 cdtas. de cúrcuma en polvo
· 2 cdtas. de comino en polvo
· nuez moscada al gusto
· ralladura de una naranja
· melaza de granada
· ½ granada
· perejil fresco
· aceite de oliva
· pimienta negra al gusto
· sal

PARA LA MELAZA DE GRANADA
· 165 ml de jugo de granada
· zumo de ½ lima
· 20 g de azúcar moreno
· una pizca de sal

Preparación

La melaza de granada se puede preparar con bastante antelación y conservar en la nevera. Para hacerla, echamos todos los ingredientes en un cazo y ponemos a hervir a fuego medio-bajo durante 45 minutos. Vamos removiendo de vez en cuando hasta que reduzca. Dejamos enfriar, vertemos en un tarro hermético y reservamos en la nevera hasta su utilización.

Doramos las nueces en una cacerola a fuego bajo sin añadir nada de aceite y vamos removiendo para evitar que se quemen. Este proceso no dura más de 10 minutos. Luego trituramos las nueces en un robot hasta convertirlas en polvo. Reservamos.

En la misma cacerola donde hemos tostado las nueces echamos 3 cucharadas soperas de aceite de oliva virgen extra. Salpimentamos el pollo cortado en trozos y sin nada de piel. Doramos el pollo, lo sacamos de la cacerola y reservamos.

Pelamos y picamos finamente los ajos y las cebollas. Echamos unas 6 cucharadas de aceite de oliva virgen extra en la cacerola e incorporamos los ajos. Cuando empiecen a dorarse añadimos las cebollas y salamos. Dejamos sofreír a fuego medio hasta que la cebolla se haya caramelizado, y removemos de vez en cuando.

Incorporamos la rama de canela, la cúrcuma, el comino, la nuez moscada, la ralladura de naranja y la pimienta negra al gusto, removemos y dejamos cocinar a fuego fuerte un par de minutos.

Agregamos el caldo e incorporamos el pollo junto con la melaza y las nueces trituradas. Removemos bien, probamos y rectificamos de sal, tapamos la cacerola y dejamos cocinar a fuego medio-bajo durante 1 hora. Hemos de ir removiendo cada 15 minutos. Al final de la cocción probamos y rectificamos de sal si es necesario.

Como ocurre con cualquier guiso, es mejor comerlo al día siguiente. Para servir, lo calentamos al fuego y acompañamos cada ración con granada y perejil fresco picado.

Las mejores recetas de la historia

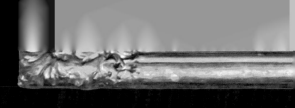

SIGLO IV a. C.

Alejandro Magno y los filósofos

El rey que comía con sus soldados

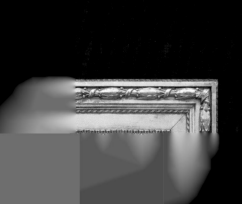
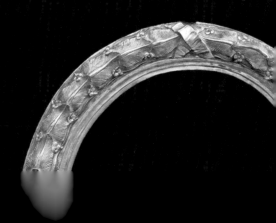

Quién les iba a decir a atenienses, tebanos o espartanos que el fin de las ciudades-estado y la unificación de Grecia vendría de la mano de Macedonia, una región alejada (tanto en lo geográfico como en lo político) que había pasado prácticamente inadvertida a lo largo de la historia. Para algunos, los macedonios eran como los bárbaros. Pero un rey ambicioso e inteligente y la debilidad de las grandes ciudades hicieron posible lo imposible. Filipo II de Macedonia dominó Grecia, algo que ni los poderosos reyes persas Darío y Jerjes habían conseguido. Lo que Filipo tampoco llegó a imaginar era que sus logros quedarían eclipsados por los de su hijo, Alejandro III, quien subió al trono con apenas veinte años.

A la edad de catorce Alejandro tuvo como tutor durante dos años a Aristóteles, el más grande pensador de la Antigua Grecia. Aristóteles era un hombre de múltiples intereses, se había formado en Atenas con Platón y su legado fue inmenso en campos tan dispares como la biología, la ética, la ciencia o la política.

Una vez rey, se cuenta que Alejandro se topó en Corinto con otro filósofo ilustre, Diógenes el Cínico, al que encontró tomando el sol. Diógenes presumía de haber renunciado a todo tipo de lujos, hasta el punto de vivir como un vagabundo en un tonel. Su independencia era su mayor virtud. Cuando Alejandro le preguntó si podía hacer algo por él, Diógenes le dijo: «Sí, no me tapes el sol». A lo que el rey, ante la sorpresa de los allí presentes, contestó: «Si no fuera Alejandro, quisiera ser Diógenes».

Tras eliminar a cualquier rival que le pudiera disputar el trono, Alejandro se dispuso a acometer la mayor misión jamás imaginada: la conquista de Persia.

La comida

En la Antigua Grecia se establecieron los primeros horarios para las comidas: desayuno, comida y cena. Se le dio una enorme importancia al banquete (*symposion*), esas cenas con invitados donde corría el vino y se consolidaban las relaciones sociales. El pan era el alimento principal y había muchas variedades: trigo, centeno, avena... El pescado era básico en la dieta del pueblo, en especial las sardinas. Curiosamente, el pescado fue un alimento que tardó en asentarse en la mesa de los griegos, tal vez por los problemas de conservación. Las clases más pudientes podían permitirse atún, dorada, rodaballo, pulpo y moluscos. Tenían asimismo mayor acceso a la carne, con cerdo y cordero como principales fuentes, pero también pollo, pavo y pato. La leche y el queso, de cabra y oveja, eran básicos imprescindibles. Otros alimentos comunes a lo largo de la época fueron la cebolla, las lentejas, los garbanzos, las habas, la lechuga y, muy especialmente, la fruta: manzana, pera, uvas, higos o dátiles que venían de Asia. Por supuesto, no podían faltar el aceite de oliva y el vino. Cocinaban de forma muy sencilla y natural, sin abusar de especias ni condimentos.

Alejandro fue un formidable general, de enorme personalidad y muy respetado por sus soldados antes de que enloqueciera con sus interminables conquistas. Bebía y comía con su ejército, cuyo rancho principal era la sopa de lentejas con ajo, cebolla y queso. Ese era parte del secreto para fidelizar a sus tropas, comer y beber como ellos y con ellos. También comían carne y, por supuesto, pan.

Cuando se estableció en Babilonia, Alejandro se dejó llevar por los lujos y placeres de la gastronomía persa, algo en lo que seguramente habríamos caído cualquiera de nosotros.

La gran hazaña

En el 334 a. C. Alejandro y su ejército partieron hacia Asia. Fueron conquistando territorios ante la sorpresa de los persas, a los que no les quedaba más opción que huir desconsolados, tras recibir un rapapolvo tras otro. En dos años entró en Egipto, fue proclamado faraón y fundó la espléndida ciudad de Alejandría. Luego volvió a Asia y acabó con la resistencia persa. Un ejército infinitamente mayor cayó estrepitosamente a los pies del más formidable estratega militar que la historia había conocido. En apenas cuatro años había conquistado el mayor imperio sobre la tierra. Entró en Babilonia por la puerta grande y arrasó Persépolis tras una noche de borrachera. Pero no se detuvo ahí, siguió adentrándose en el continente sin perder una sola batalla, ni siquiera en la India.

En el 323 a. C. murió inesperadamente en Babilonia a los treinta y tres años. La causa de su muerte es un misterio, pero podría haber sido envenenado. Se había autoproclamado dios y su ambición de conquistas había agotado hasta al último de sus soldados. Antes de expirar, a la pregunta de a quién dejaba como sucesor, respondió: «Al más fuerte». Su enorme imperio se repartió entre sus generales, y no precisamente de forma pacífica.

En el cine

La biografía de Alejandro fue llevada al cine en dos ocasiones. Las dos son producciones norteamericanas y ninguna es especialmente destacable, a pesar de estar firmadas por dos buenos directores: *Alejandro Magno* (*Alexander the Great*, 1956), de Robert Rossen, y *Alejandro Magno* (*Alexander*, 2004), de Oliver Stone.

La Antigua Grecia ha dado mucho material al cine, y se hace difícil escoger solamente cuatro o cinco películas de entre todas las que se han hecho inspiradas en esa época. Resulta muy entretenida *Jasón y los argonautas* (*Jason and the Argonauts*, 1963), de Don Chaffey. Curiosa y también recomendable *El coloso de Rodas* (*Il colosso di Rodi*, 1961), *opera prima* de Sergio Leone. Es muy interesante la biografía de Sócrates (*Socrate*, 1971) llevada a la televisión por el maestro Roberto Rosellini. Y espectacular el *Ulises* (*Ulisse*, 1954) de Mario Camerini, con Kirk Douglas de protagonista. Como producción griega cabe resaltar *Iphigenia* (*Ifigenia*, 1977), de Mihalis Kakogiannis, que relata un trágico episodio previo a la guerra de Troya.

Hay muchas más películas sobre esa mítica guerra y, pese a no ser especialmente destacable, no podemos resistirnos a mencionar la superproducción *Troya* (*Troy*, 2004), de Wolfgang Petersen, aunque solo sea porque nos permite ver a Brad Pitt encarnando al mismísimo Aquiles.

QUESO FETA

Si hay un alimento que represente a Grecia, ese no es otro que el queso. Desde la Antigüedad hasta hoy en día se produce y se come queso, y Grecia es el mayor consumidor (proporcionalmente) del mundo. El queso feta es antiquísimo y, tal vez, el queso griego más famoso e internacional. Se hace con leche de oveja o cabra y se consume en ensaladas y otras muchas elaboraciones, tanto dulces como saladas. Tiene su propia Denominación de Origen y no es fácil encontrar un queso feta de calidad fuera de Grecia.

Hacer queso feta en casa es más fácil de lo que parece. Solo hay que tener en cuenta algunos detalles y no dejarse intimidar por términos raros como «mesófilos», «cloruro» o «cuajo», todos ellos ingredientes muy fáciles de conseguir en tiendas online.

Preparación

Disolvemos el cloruro cálcico en dos dedos de agua embotellada a temperatura ambiente. Vertemos la leche en una olla, incorporamos el cloruro cálcico que hemos disuelto en agua y mezclamos durante 1 minuto.

Calentamos la leche a 31 °C, añadimos el fermento láctico mesófilo, mezclamos bien y dejamos reposar 5 minutos. Pasado ese tiempo, volvemos a mezclar, tapamos y dejamos reposar durante 1 hora a temperatura ambiente. Si tenemos una buena olla, la temperatura se mantendrá casi intacta.

Transcurrido el tiempo, comprobamos la temperatura de la leche; si vemos que ha bajado mucho, la volvemos a calentar a 30 °C.

Disolvemos el cuajo en dos dedos de agua y lo echamos a la leche. Mezclamos bien durante 1 minuto.

Tapamos y dejamos reposar durante 1 hora sin remover. Hemos de intentar que la leche se mantenga a 30 °C. Lo ideal es dejar la sonda de un termómetro y encender el fuego al mínimo hasta alcanzar esta temperatura si vemos que baja.

Tras 1 hora, la leche habrá cuajado. Cortamos la cuajada en cubos de 1,5 cm aproximadamente, tanto horizontal como verticalmente. Dejamos reposar 5 minutos.

Removemos la cuajada suavemente durante 5 minutos, los cubos prácticamente se habrán deshecho. Dejamos reposar 10 minutos.

Echamos el cuajo en una tela quesera o gasa que habremos colocado sobre un colador y este a su vez sobre un bol grande, y dejamos filtrar unas 12 horas a temperatura ambiente. Hemos de ir vigilando y eliminando el suero para que este no toque la cuajada.

Retiramos la cuajada de la tela. Colocamos la tela en un molde, a continuación lo llenamos con nuestra cuajada y dejamos escurrir con un peso encima durante 6 horas. Pasado ese tiempo, le damos la vuelta al queso, colocamos el peso y dejamos escurrir otras 6 horas. Recordad ponerlo sobre un colador y este a su vez sobre un bol para que escurra el suero.

Preparamos la salmuera. Hervimos 1 l de agua y la dejamos enfriar. Una vez a temperatura ambiente, disolvemos la sal e incorporamos el vinagre y el cloruro cálcico. Retiramos la tela del queso.

Sumergimos el queso en la salmuera y lo dejamos 48 horas en la nevera. Tras ese tiempo, ya estará listo para consumir. Se conserva perfectamente dentro de la salmuera en la nevera.

«Cuando se estableció en Babilonia, Alejandro se dejó llevar por los lujos y placeres de la gastronomía persa, algo en lo que seguramente habríamos caído cualquiera de nosotros.»

Qin Shi Huang

El emperador que temía a la muerte

Hace cerca de cinco mil años, mientras una civilización se asentaba en Mesopotamia y Egipto, surgió otra totalmente nueva en el Extremo Oriente. Nunca llegaron a topar, únicamente comerciaron a medio camino entre un territorio y el otro.

En el año 221 a. C., el rey del Estado de Qin unificó los siete reinos en los que estaba dividida China y formó el mayor imperio del mundo, aunque eso solo lo supieran ellos mismos. En Occidente, griegos y romanos solo alcanzaban a mirarse su propio ombligo.

El nombre de ese rey era Zheng. Tras la unificación se convirtió en Primer Emperador (Shi Huangdi) y, tras la llegada al poder de la dinastía Han, pasaría a ser recordado para siempre como Qin Shi Huang (Primer Emperador de la dinastía Qin).

Qin Shi Huang, el hombre que unificó y dio forma a China, dejó para la posteridad dos obras a la altura de las siete maravillas del mundo antiguo: la increíble Gran Muralla (aunque apenas se conserva nada de esa primera época) y un mausoleo de tal dimensión que haría palidecer a la mismísima pirámide de Keops. Ocho mil guerreros de terracota a tamaño real son lo único que ha sido desenterrado hasta ahora. Se cree que esos guerreros son solo una pequeña parte de lo que realmente hay bajo tierra. Atendiendo a las leyendas, la tumba del emperador se encuentra bajo una montaña artificial, rodeada de palacios y ríos de mercurio. Setecientas mil almas trabajaron en su construcción. No son solo leyendas, hay pruebas de que bajo esa montaña se esconde algo realmente grande. No se puede excavar por dos motivos principales. Uno, porque nada más abrir la tumba, gran parte de lo que hubiera allí se vería irremediablemente afectado al quedar expuesto, como ya pasó con la pintura de los soldados. Y dos, por la propia seguridad de los investigadores: no solo por el mercurio, sino también porque se cree que el lugar está lleno de trampas mortales para recibir a cualquier aventurero que ose profanarlo. A lo Indiana Jones, para que se entienda.

Sin embargo, quien visita lo único visitable hasta ahora de ese mausoleo, a las afueras de la ciudad de Xian, queda absolutamente impresionado por su grandiosidad y belleza. Esos soldados asustan a cualquiera, por muy descoloridos que estén.

Qin Shi Huang era un emperador atormentado. En vida no pudo encontrar la tranquilidad, primero por lo gigantesco de su misión y luego, una vez que la cumplió, por la constante amenaza de asesinos enviados por los reinos ocupados. A esta preocupación se unía otra aún peor, su miedo a la muerte. No aceptaba la idea de desaparecer para siempre y buscó el medio para vivir eternamente. Su tumba y su obra parecen perdurar hasta nuestros días, pero su vida terrenal se esfumó en el 210 a. C., cuando tenía cuarenta y nueve años. Su dinastía prácticamente acabó con él. Su hijo Qin Er Shi no aguantó ni cuatro años en el trono, y la dinastía Han se hizo con el poder en el 202 a. C.

La comida más increíble sobre la tierra

La gastronomía china es una de las más diversas y atractivas del mundo. A pesar de haber evolucionado como ninguna otra, sus raíces milenarias no se han perdido en el océano del tiempo. Es una gastronomía con una personalidad extraordinaria que suele dividirse en cuatro escuelas principales: centro, norte, costa y sur. Cada una con su propio carácter, variantes y platos característicos.

Qin Shi Huang no solo unificó el territorio o la escritura, también desarrolló enormemente la producción agrícola. La dinastía Han siguió apostando en la misma línea. Los agricultores de la Antigua China cultivaron dos cereales y dos legumbres que aún hoy son productos fundamentales en la cocina china: el arroz y el trigo, por un lado, y el mijo y la soja por el otro. De ahí salieron alimentos básicos como los fideos o el tofu.

Lógicamente, también cultivaron otros productos como el té o el melón, pero la mayor parte de las verduras y condimentos vinieron gracias al comercio: el pepino, el ajo, la cebolla, el cilantro, el azafrán o la uva.

Las carnes principales fueron las de cordero, cerdo y pollo. También comían carne de caza, tortuga, buey y, por supuesto, pescado. Como curiosidad, se cree que el uso de palillos para comer se inició durante la dinastía Shang, varios siglos antes de la unificación. En Occidente no se usará el tenedor de forma individual hasta el siglo XI.

Mientras en las casas se avanzaba hacia una comida equilibrada y completa con variedad de verduras y preparaciones ligeras, en los palacios imperiales se apostó por la extravagancia. La mezcla de ambos tipos de alimentación es lo que ha dado lugar a la cocina china actual. Durante la dinastía Ming (siglos XIV-XVII) se vivió el apogeo de esa cocina de palacio ambiciosa y arriesgada, basada en la búsqueda de nuevos sabores, contrastes y texturas sorprendentes. En esta época se erige como plato de palacio por excelencia el famoso pato lacado, aunque su origen se sitúa durante la dinastía Yuan (siglo XIII). El pato lacado o pato Pekín pasará a la calle y los restaurantes populares de forma masiva con la caída de la última dinastía, la Qing, a comienzos del siglo XX.

En el cine

Hero (*Ying Xiong*, 2002) se basa en una de las muchas leyendas sobre el emperador Qin Shi Huang. Cuenta la historia de cuatro asesinos que urden un ingenioso y enrevesado plan para acabar con su vida. Está dirigida por Zhang Yimou, uno de los directores chinos más internacionales. Es autor de más obras ambientadas en la China imperial como, por ejemplo, *La casa de las dagas voladoras* (*Shi mian mai fu*, 2004) o *La maldición de la flor dorada* (*Man cheng jin dai huang jin jia*, 2006).

Acantilado rojo (*Chi bi*, 2009), de John Woo, se sitúa cuatro siglos después del reinado del Primer Emperador. Es la mayor superproducción en la historia de China, con un enorme despliegue de efectos especiales y más de cuatro horas de duración. En el resto del mundo se distribuyó una versión reducida de dos horas.

El rey mono (*The Lost Empire*, 2001) es una producción televisiva dirigida por Peter MacDonald que, con humor y mucha fantasía, te lleva de viaje por la China de la dinastía Tang (siglo VII). Es ingenua y poco ambiciosa, pero el entretenimiento está asegurado.

Tigre y dragón (*Wo hu cang long*, 2000) nos conduce aún más cerca, hasta el siglo XVII. Es la película más espectacular del reputado director taiwanés Ang Lee, autor de uno de los mayores hitos del cine gastronómico: *Comer, beber, amar* (*Yin shi nan nu*, 1994).

ROU JIA MO

4 personas

210 min

Ingredientes

PARA LA CARNE

- 500 g de panceta de cerdo
- 50 ml de jerez seco
- 12 g de azúcar moreno roca
- 30 ml de salsa de soja ligera
- 15 ml de salsa de soja oscura
- 2 cebolletas chinas
- 2 rodajas de jengibre
- 1 trozo de galanga (o 2 rodajas más de jengibre)
- 2 anises estrellados
- ½ rama de canela
- 2 vainas de cardamomo
- 1 cdta. de pimienta de Sichuan (o 10 g de pimienta blanca)
- 2 hojas de laurel
- 3 ramas de cilantro fresco
- sal

PARA EL *BAI JI MO* (PANECILLOS)

- 525 g de harina de trigo
- 270 ml de agua tibia
- 8 g de levadura seca (o 24 g de levadura fresca)
- 9 g de sal

El rou jia mo es una comida callejera típica de la ciudad de Xian. Se podría traducir como «sándwich» o «bocadillo de carne asada», de hecho, también es conocido como la «hamburguesa china». Uno de los rellenos más habituales es el de panceta de cerdo con especias y jengibre. Se cocina lentamente, lo que hace que la carne quede tierna y jugosa. Sin duda, un delicioso bocado que tenéis que probar.

El plato, según algunas fuentes, se remonta a los tiempos de Qin Shi Huang y ha ido evolucionando hasta adaptarse a las necesidades actuales. Los musulmanes chinos, por ejemplo, lo consumen con carne de ternera o cordero, hasta el punto de que se han convertido en dos rellenos tan populares como el de cerdo.

Preparación

Cortamos la panceta en dos tiras, la echamos en una olla y la cubrimos de agua. La ponemos a hervir. Cuando cambie de color y tenga aspecto de estar cocida, la retiramos de la olla y la enjuagamos en agua del grifo.

Tiramos el agua de hervir la panceta y colocamos nuevamente nuestra panceta dentro de la olla. Cubrimos de agua y añadimos el resto de los ingredientes. Llevamos a ebullición. Una vez que rompa a hervir bajamos el fuego al mínimo, tapamos la olla y dejamos cocinar durante 3 horas.

Pasado el tiempo, comprobamos con un tenedor que al pinchar la panceta esté tierna. Retiramos del fuego y dejamos reposar 2 horas dentro del caldo.

Sacamos la panceta del caldo, quitamos la corteza y picamos muy bien a cuchillo, nos debe quedar la panceta totalmente desmigada. Reservamos en un táper mientras se enfría.

Colamos el caldo y volvemos a verter en la misma olla para que reduzca. Hemos de reducir el caldo a un tercio aproximadamente, más o menos 30 minutos a fuego fuerte. Vertemos sobre la panceta y, una vez frío, reservamos en la nevera.

Para hacer los panecillos disolvemos la levadura en el agua tibia, mezclamos con un tenedor y dejamos reposar 5 minutos.

Mientras tanto, echamos la harina en un bol junto con la sal y mezclamos. A continuación, vertemos el agua con la levadura ya disuelta y amasamos durante 10 minutos. Este proceso se puede hacer a mano o con robot, al final tenemos que conseguir una masa nada pegajosa. Formamos una bola, la dejamos en el mismo bol y tapamos. Dejamos reposar hasta que doble su volumen, aproximadamente 1 hora u hora y media, dependiendo de la temperatura de la casa.

Pasado el tiempo, volvemos a amasar durante 5 minutos. Dividimos la masa en 12 porciones iguales y formamos 12 bolas que reservamos tapadas con un trapo limpio.

Para dar forma al pan enharinamos la superficie de trabajo, cogemos una de las bolas y hacemos un churro de unos 10 cm. A continuación, con ayuda de un rodillo, estiramos el churro a lo largo. Cuando esté suficientemente estirado lo enrollamos manualmente sobre sí mismo procurando que la punta quede por debajo de uno de los lados. Aplastamos el rollo con la mano y vamos formándolo con el rodillo. (Para mayor comprensión, tenéis un vídeo de este proceso accediendo al código QR que encontraréis en la página siguiente.) Vamos dejando los panecillos ya formados debajo de un trapo mientras acabamos con todas las bolas.

Descubre más

Para cocinar los panecillos, ponemos una sartén al fuego sin nada de aceite ni grasa. Hacemos tandas de 2 o 3 panes y los cocinamos 4 minutos por cada lado. Los dos primeros minutos los tapamos y luego ya los cocinamos destapados.

Abrimos el panecillo con ayuda de un cuchillo hasta la mitad y rellenamos con la panceta que hemos calentado previamente. Como sugerencia, podemos acompañar con unas hojas de cilantro fresco y cebolla morada al gusto.

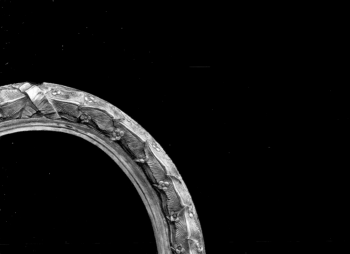

Julio César y Cleopatra

Así comían en Egipto y Roma

Cleopatra VII, hija del faraón Ptolomeo XII, es, sin duda, la mujer más famosa de la historia. Inteligente, culta, embaucadora, dicen que atractiva aunque no especialmente guapa. Una mujer poderosa en un mundo dominado por hombres. Amante, primero, de Julio César y luego de Marco Antonio, con el que vivió una tórrida y apasionada historia de amor.

Fue la última reina del Antiguo Egipto, recuperó para su país la gloria perdida (aunque fugazmente) y prefirió suicidarse a los treinta y nueve años antes que ser paseada como un trofeo de caza por el futuro emperador romano Augusto.

Pero antes de derramar una lágrima por ella, también hay que reconocer que no fue ningún angelito. Ordenó asesinar a sus hermanos para afianzar su poder, confabuló y participó en numerosas guerras y disfrutó de los mayores lujos mientras su pueblo sufría episodios de hambruna. Nada extraordinario, desde luego, comparado con otros muchos gobernantes de la época.

La fama de Cleopatra está unida a la de César y Antonio, a las guerras que vivió con ellos y, pese a todo, al tren de vida de lujo y extravagancia que disfrutó. La comida era uno de esos grandes lujos, y se entregaba a ella con auténtica devoción. De hecho, se cuenta que una de sus grandes armas de seducción eran los fabulosos banquetes que ofrecía. Sus dos famosos amantes, especialmente Antonio, disfrutaron de los placeres de la mesa como de ningún otro. Y es que la comida en el Egipto de la época era de una variedad y calidad apabullantes. Se dice que allí nació la dieta mediterránea: aceite de oliva (menos popular, eso sí, que el de sésamo), verduras, legumbres, fruta, queso, vino, cerveza, pan, miel y una amplia variedad de carnes y pescados. Todo de producción propia. Algunos platos representativos fueron la paloma rellena, las codornices a la miel o la carne de caza a la brasa. Para el pueblo llano y los esclavos, la dieta era bastante más simple y consistía en pan, cebolla y pescado.

El pescado abundaba en Egipto como en ningún otro sitio, pues el Nilo era una fuente inagotable de recursos y alimentos. Se usaba como moneda e incluso se exportaba a Roma y otros territorios.

El primer hummus

El hummus es un plato típico de la cocina árabe, hoy en día prácticamente extendido por todo el mundo. Sin embargo, muchos historiadores sitúan en el Antiguo Egipto su origen. En aquella época se hacía de forma más simple: garbanzos, aceite de sésamo, vinagre, ajo y sal. Todo machacado hasta obtener una pasta. El hummus en el Antiguo Egipto se servía untado en un trozo de pan. Lógicamente, no se llamaría así, pues «hummus» es una palabra árabe que significa «garbanzo». Pero, seamos sinceros, el hummus árabe con tahini, especias y un chorrito de aceite de oliva está bastante más rico que esta versión demasiado básica, por mucho que a Cleopatra le gustara.

La leyenda cuenta que Cleopatra se suicidó dejándose morder por una serpiente en el año 30 a. C. Cuando estaba detenida por los romanos en Alejandría, un campesino burló la seguridad escondiendo la serpiente en una cesta con higos. Se cree que no fue la manera más lógica y probable de envenenarse, pero sin duda es la más romántica. Con Cleopatra se escribe la última página del glorioso Egipto de los faraones, que pasará a convertirse en una provincia de Roma.

Julio César

El amante más célebre de Cleopatra, con quien tuvo un hijo, fue Julio César, el famoso general y dictador romano. Venerado y despiadado conquistador, predecesor de los emperadores, es célebre por frases como «Llegué, vi, vencí», «La suerte está echada» o «En César solo manda César».

Julio César cambió la historia para siempre. La conquista de la Galia y otros territorios trajo mucha riqueza a Roma. Tras erigirse dictador, puso orden donde reinaba la corrupción, a costa de acabar con la República y el Senado, cuyos miembros acabaron asesinándole el 15 de marzo del año 44 a. C. En su última cena corrió el vino, y seguro que cayó un buen trozo de pan. Se cuenta (sin entrar en detalle) que tuvo una cena ligera, seguramente estuviera preocupado por los rumores y profecías que anunciaban su cruel final.

Cleopatra, que estaba en Roma cuando él fue asesinado, volvió rápidamente a Egipto. Poco después encontraría consuelo en brazos de Marco Antonio.

La comida en Roma

La cena era la comida principal para los romanos. Podía durar horas, y en ella se servían todo tipo de viandas: carnes y aves asadas, pescados, huevos, verduras, productos exóticos... Todo ello condimentado con garum, una salsa de pescado fermentado similar a las asiáticas, omnipresente en la cocina romana.

Mientras, en la calle, los más humildes tenían que conformarse con pan, gachas, fruta y descartes de pescado. El cine se ha encargado de inmortalizar la típica imagen de esos emperadores romanos recostados y comiendo con las manos en fastuosas cenas.

Parece que Julio César disfrutaba más en el campo de batalla que comiendo y bebiendo apoltronado en los palacios. También es cierto que en su época aún no existía toda la cantidad y variedad de elaboraciones que se desarrollaron durante el Imperio romano. Como parte de su leyenda, se dice que solía comer junto a sus soldados, sin privilegios. En esto, quizá quiso imitar a Alejandro Magno, su gran referente. Leyenda o no, lo único cierto es que la prioridad de Julio César era ir acumulando poder y gloria. Eso sí, junto a Cleopatra y en Egipto debió de darse los mayores festines de su vida.

En el cine

Egipto y Roma han sido inmortalizados en el cine infinidad de veces, mucho más que cualquier otra civilización antigua. De hecho, hay incluso un subgénero, el péplum o películas de romanos, que tuvo especial relevancia en los años cincuenta y sesenta. Muchas de esas películas se rodaron en España, tanto superproducciones americanas como las más modestas, de producción europea. Sobre el Antiguo Egipto podemos destacar dos obras: *Tierra de faraones* (*Land of the Pharaohs*, 1955), del gran Howard Hawks, y *Faraón* (*Faraon*, 1966), del director polaco Jerzy Kawalerowicz. La primera narra, en clave casi existencial, la construcción de la pirámide de Keops. La segunda, más política, se sitúa en el Imperio Nuevo.

Sobre Julio César y Cleopatra hay dos películas de Joseph L. Mankiewicz que podríamos considerar imprescindibles. La más famosa biografía de Cleopatra es la realizada en 1963 con Elisabeth Taylor como la reina egipcia, Richard Burton como Antonio y Rex Harrison como César. *Julio César* (*Julius Caesar*, 1953) es una brillante adaptación de la obra de William Shakespeare protagonizada por Marlon Brando como Antonio (César es Louis Calhern).

La lista de películas ambientadas en la Antigua Roma es inacabable. Mencionaremos únicamente tres. No puede faltar *Espartaco* (*Spartacus*, 1960), dirigida por un joven Stanley Kubrick, aunque el verdadero autor de la película fuera su productor y principal protagonista, Kirk Douglas. Otra fundamental es *Ben-Hur* (1959), de William Wyler. Y la tercera que hay que destacar es *Satiricón* (*Fellini Satyricon*, 1969), donde Federico Fellini vuelve a demostrar la tremenda potencia visual de sus imágenes con un relato bañado de fantasía.

PAN DE DOS MIL AÑOS DE ANTIGÜEDAD

8 raciones
55 min
reposo
horneado

Ingredientes

- 400 g de biga ácida
- 305 g de harina de espelta blanca
- 305 g de harina de espelta integral
- 200 g de harina de trigo de fuerza
- 530 ml de agua templada
- 4 g de levadura seca (o 12 g de levadura fresca)
- 24 g de sal

PARA LA BIGA ÁCIDA

- 250 g de harina de trigo de fuerza
- 250 ml de agua templada
- 2 g de levadura seca (o 5 g de levadura fresca)

No hay mejor receta inspirada en Roma que un pan. Junto con el vino, el pan es todo un símbolo de la época, indispensable para alimentar al inmenso ejército romano y satisfacer a las clases más bajas.

Esta receta de pan fue un encargo que el Museo Británico hizo al chef italiano Giorgio Locatelli. Su misión fue recrear uno de los panes carbonizados encontrados bajo las ruinas de Pompeya icon más de dos mil años de antigüedad! Este pan está realizado, lógicamente, con las técnicas e ingredientes de hoy en día. La idea es hacer un pan rico que se asemeje al que comían los romanos. No es, pues, una fiel recreación histórica. Hemos introducido algunos cambios en la receta original de Locatelli para que resulte aún más sencilla de hacer.

El grano de trigo espelta es mucho más antiguo que el de trigo común. Se calcula que tiene siete mil años de antigüedad.

Preparación

Tres días antes de hacer el pan preparamos la biga ácida. Se recomienda hacer este primer paso por la noche. En un bol echamos el agua y disolvemos la levadura con ayuda de un tenedor. A continuación, incorporamos la harina y mezclamos hasta que esta se haya integrado totalmente. Tapamos con film transparente y reservamos en la nevera toda la noche.

Por la mañana mezclamos la masa para deshincharla y la volvemos a guardar en la nevera. Por la noche hacemos lo mismo.

Hemos de deshinchar la masa por la mañana y por la noche durante 3 días, al cuarto ya la podremos utilizar. Se puede conservar en la nevera 2 semanas.

Una vez que tenemos la biga ácida lista podemos hacer nuestro pan. Echamos la levadura seca en el agua templada y removemos con ayuda de un tenedor. Dejamos reposar 5 minutos.

En un bol echamos las tres harinas y la sal. Mezclamos. Hacemos un agujero en el centro de la mezcla y añadimos la biga ácida. Incorporamos el agua con la levadura. Si lo hacemos con robot, será tan sencillo como poner una velocidad baja e ir incorporando el agua con la levadura mientras amasa. Si lo hacemos a mano, vamos mezclando con un tenedor a la par que vamos añadiendo el agua con la levadura.

Una vez incorporada toda el agua seguimos amasando durante 5 minutos más en robot o 10 minutos más a mano. Tenemos que conseguir una masa que no se pegue a los dedos y que sea elástica. Si lo consideráis necesario, se puede añadir un poco más de harina y seguir amasando unos minutos más. Espolvoreamos un poco de harina en un bol, formamos una bola con la masa y la dejamos reposar tapada hasta que doble su volumen, entre 1 y 2 horas aproximadamente.

Pasado ese tiempo, colocamos papel vegetal en una bandeja de horno, enharinamos y volcamos la masa sobre el papel vegetal. Le damos forma de bola, tapamos y dejamos reposar justo el tiempo que tarde el horno en precalentarse a 200 °C.

Atamos un cordel apto para alimentación alrededor del pan. Se cree que antaño ponían este cordel para poder transportar el pan más fácilmente, así que debemos hacer un pequeño lazo.

Descubre más

Con la ayuda de un cuchillo vamos a marcar el pan en 8 divisiones. Esta es una de las principales características de los panes encontrados en Pompeya, algunos incluso llevaban el sello del panadero. Estos cortes se harían seguramente para facilitar la división posterior en 8 porciones iguales.

Horneamos durante 35 minutos. Justo al introducir el pan en el horno echamos un vaso de agua en la bandeja inferior para generar vapor.

Pasado el tiempo, sacamos el pan del horno y lo dejamos enfriar totalmente sobre una rejilla.

SIGLO I

Calígula

El gran vividor

Cayo Julio César Germánico, más conocido como Calígula, fue el tercer emperador del Imperio romano, tras Augusto y Tiberio. Hijo del prestigioso general Germánico y de Agripina la Mayor, tuvo una infancia y juventud llena de carencias, alejado de su familia y sometido a los caprichos de Tiberio, quien lo nombró su sucesor y a quien asesinó con sus propias manos.

Una vez en el poder, y tras una primera etapa de prosperidad, Calígula pasará a la historia como uno de los tiranos más paranoicos y crueles. Las crónicas dirán que mandó asesinar a diestro y siniestro, que dilapidó toda la fortuna del imperio en gastos personales, obras y monumentos a su figura, que se acostó con sus propias hermanas o que dejó en ridículo el prestigio de su ejército tras la fallida invasión de Britania.

Su reinado del terror no podía acabar de otra forma que con su asesinato por parte de la guardia pretoriana tras llevar apenas cuatro años en el trono. Su tío Claudio le sucedió.

Como buen vividor, la comida y el vino estaban entre sus mayores placeres. No se conoce mucho sobre los gustos gastronómicos de Calígula, del que se conserva poca información en general, por lo que tendremos que suponer, más que asegurar. Incluso todo lo afirmado anteriormente está puesto en duda por algunos historiadores.

Una salsa romana

Los banquetes de Calígula eran apoteósicos, con todo tipo de preparaciones de la época, y no faltaba el vino, mucho vino. Aunque no hay información sobre sus gustos concretos, sí hay un dato conocido importante, y es que ordenaba traer el mejor pescado y marisco posible, desde cualquier parte del imperio. El pescado (o cierto pescado) estaba muy bien valorado en Roma y era uno de los alimentos favoritos de emperadores, senadores y otros altos cargos romanos. Uno de los pescados más valorados en la Antigua Roma era el rodaballo.

Hay una receta de rodaballo muy interesante en *De re coquinaria*, la famosa serie de libros del gastrónomo romano Apicio, los únicos recetarios que se conservan de la época.

El rodaballo se solía cocinar a la brasa, pero lo más curioso de la receta es la salsa. En esta salsa se mezclan el vino, las especias y el dulce. En concreto, los ingredientes que incluye son cebolla, apio, vino, vinagre, pasas, pimienta negra, orégano, miel, cilantro, hierbabuena, aceite de oliva y sal. Para rematar el batiburrillo de ingredientes, no puede faltar tampoco el garum, hecho a partir de vísceras de pescado en sal que se secaban al sol durante meses.

Solo merecería la pena hacer esta salsa como curiosidad histórica. Realmente, nuestros paladares de hoy poco tienen que ver con los antiguos paladares romanos. A ellos les iban los sabores fuertes, la mezcla dulce-salado, el contraste, el exceso de especias...

El rodaballo asado se presentaba sobre una cama de habas fritas y se salseaba generosamente por encima.

Otros platos de la época que, a buen seguro, debió de probar Calígula fueron cochinillo asado, pastel de cerdo y guisantes, liebre en su jugo, ubres de cerda con salsa de atún, pollo vardano, calamares rellenos, albóndigas marinas, sopa de cebada, caracoles fritos... También excentricidades solo al alcance de los más poderosos, como lirones asados o estofado de flamenco.

En el cine

Aunque el personaje de Calígula ha aparecido varias veces en la gran pantalla, ha sido en la televisión donde se ha visto su aparición más estelar: la mítica serie británica *Yo, Claudio* (*I Claudius*, 1976) tuvo en Calígula, encarnado por John Hurt, a su más brillante personaje. Esta serie fue dirigida por Herbert Wise y escrita por Jack Pullman, adaptando la famosa novela de Robert Graves. Un viaje apasionante a través de los primeros emperadores romanos, desde Augusto hasta Nerón, con Claudio (inolvidable Derek Jacobi) como hilo conductor. Una serie inmortal.

Sin salir de la televisión, hay otra serie de enorme importancia en la que aparece Calígula: *Juego de tronos* (*Game of Thrones*, 2011). No se dice su nombre, ni la acción transcurre en la Antigua Roma, pero el joven y perturbado rey Joffrey Baratheon es un calco, tanto físico como mental, de Calígula. O, por lo menos, de la imagen que se tiene de Calígula en el imaginario colectivo.

RODABALLO AL ESTILO DEL IMPERIO ROMANO

👤 **4 personas**

🕐 5 min

▦ horneado

Ingredientes

· 1 rodaballo
· aceite de oliva
· pimienta negra
· sal

PARA PRESENTAR

· habas fritas en aceite y ajo
· tomillo fresco

Seguro que Calígula se relamería con este plato. Y nosotros, dos mil años después, también lo haremos. El rodaballo se puede cocinar a la plancha, a la parrilla o asado al horno. Esta última opción es la que prepararemos.

Es un pescado muy agradecido, de abundante carne y muy sabroso. Lo acompañaremos de habas fritas, como los romanos, pero la guarnición perfecta serían unas patatas también asadas al horno. Otra buena alternativa serían unas verduras al horno o al vapor.

La receta no varía demasiado de la que aparece en De re coquinaria, *de Apicio. Curioso lo de este gastrónomo de la era romana, que en realidad se cree que fueron cuatro, sin ningún parentesco ni relación. El más famoso de todos fue Marco Gavio Apicio, autor de los libros que, a golpe de traducción y reedición, se han ido conservando hasta hoy en día. Eso sí, la realidad de las recetas que han sobrevivido con las que escribiera el propio Apicio es imposible de contrastar.*

Preparación

Lavamos bien el rodaballo bajo el grifo para quitarle esa especie de baba pegajosa que tiene sobre la piel. También aprovechamos para lavarlo por dentro y eliminar todos los restos de sangre.

Para que el aderezo entre mejor, le hacemos unos cortes. La piel del rodaballo es algo dura, pero no impenetrable, también podéis pedirle a vuestro pescadero que os los haga. Le hacemos los cortes por ambas caras con ayuda de un cuchillo. Salpimentamos por ambas caras y echamos un chorrito de aceite de oliva virgen extra. Opcionalmente, le podríamos poner rodajas de limón en las hendiduras, pero realmente es un pescado que no necesita casi nada.

Descubre más

Precalentamos el horno a 200 °C y horneamos el rodaballo. El tiempo de horneado dependerá del tamaño. La proporción es de 20 minutos por cada kilo de rodaballo. Es decir, para 1,5 kg de rodaballo necesitamos unos 30 minutos de horneado.

Servimos el rodaballo en una bandeja grande, para presentar al centro de la mesa. Llenamos el fondo de habas fritas en aceite y ajo. Colocamos encima el rodaballo y decoramos con unas ramitas de tomillo fresco.

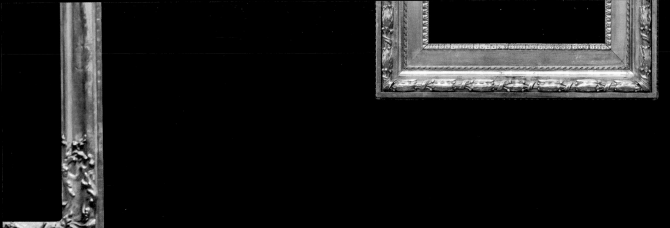

Atila y los romanos

El azote de Dios bebía en copa de madera

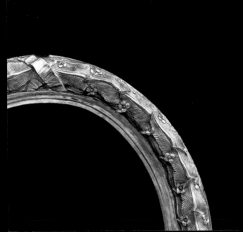

A finales del siglo IV el Imperio romano estaba dividido en dos (Oriente y Occidente) y había entrado en un largo proceso de decadencia. La muerte del emperador Teodosio, quien había unificado nuevamente el imperio y mantenido las fronteras intactas, no hizo más que acelerar el proceso. Las luchas internas de poder, el terrible desencanto de la población y el empuje de los bárbaros hicieron el resto.

Los ataques de las tribus nómadas bárbaras habían sido una constante desde un par de siglos atrás, pero entrado el siglo V sus molestas incursiones pasarán a convertirse en conquistas. Visigodos, suevos, vándalos, sajones o alanos buscaron asentarse y apropiarse de diferentes territorios dentro del Imperio romano y, aprovechando la debilidad de los nuevos gobernantes, lo acabaron consiguiendo. Además, a los romanos no se les ocurrió mejor manera de hacer frente a los bárbaros que peleándose entre ellos, es decir, entre el Imperio romano de Occidente y el de Oriente.

Las tribus germánicas, como visigodos, francos o vándalos, habían decidido adentrarse en el otrora inexpugnable Imperio romano porque una tribu aún más bárbara que ellos les estaba achuchando en su propio territorio. Al parecer, venían desde Asia Central y su fiereza asustaba al más valiente de los soldados. Esa tribu (o unión de pueblos) eran los hunos.

El rey de los hunos

En el año 433 Atila se proclamó rey de los hunos. Desde entonces se convirtió en el mayor azote de los romanos. Empezó atacando al más poderoso Oriente y consiguió altos tributos a cambio de paz. Una paz que, tarde o temprano, acababa quebrando. Cuando en Oriente dejaron de hacerle el juego, se fue directo a por el maltrecho Occidente. Corría el año 451. Allí reinaba Valentiniano III y comandaba el ejército el prestigioso general Flavio Aecio. Romanos y bárbaros juntaron sus fuerzas en la Galia para enfrentarse a Atila, y lo derrotaron en la mítica Batalla de los Campos Cataláunicos. Pero no acabaron con él. Un año después, la venganza del rey de los hunos sería terrible. Avanzó sobre Italia arrasando todo a su paso hasta llegar a Roma, donde fue «frenado» misteriosamente por el papa

León I. No se sabe muy bien por qué, si por agotamiento, por hambre, por superstición, por la amenaza de Oriente o porque recibiera un generoso pago. Teniendo el Imperio de Occidente a sus pies, retrocedió. Incluso renunció a Honoria, hermana del emperador y mujer por la que supuestamente había iniciado la marcha sobre Roma.

Un año después murió inesperadamente tras el banquete de celebración de su última boda. Tenía cincuenta y ocho años y un harén de lo más completo. Vuelven a aparecer aquí diferentes versiones. Unas dicen que murió ahogado en su propia sangre tras una noche de borrachera; otras, que fue asesinado, ya fuera por venganza o por orden romana, por su mujer Ildico, con quien acababa de casarse. Sea como sea, sin Atila los hunos se dispersaron y su peligro se esfumó con el viento.

La comida del nómada

Como la de todo pueblo nómada, la alimentación de los hunos era bastante básica. De sus rebaños de cabras y vacas extraían la principal fuente de alimento: carne y leche. No labraban la tierra, puesto que no se establecían por mucho tiempo en ninguna parte. Su búsqueda de pastos los tenía en continuo movimiento. Aunque lo que de verdad les hacía moverse era su insaciable sed de sangre y saqueo. Era en esos saqueos donde obtenían, entre otras muchas cosas, alimentos distintos a los habituales. También los adquirían mediante el comercio cuando estaban, digamos, más relajados.

De Atila, las crónicas destacan su extraordinaria austeridad, tanto para vestir como para comer. Aunque le encantaran el oro y el dinero, desechaba los lujos superficiales. Su plato y su vaso eran de madera, exactamente como los de su ejército. Incluso se cuenta una anécdota de un banquete que los hunos dieron a embajadores romanos, en el que estos fueron servidos en vajillas de oro y plata, mientras que Atila seguía aferrado a la suya de madera.

Es posible que Atila comiera mucha comida romana; primero, por sus buenas relaciones con Occidente antes de revolverse contra ellos, segundo, porque vivió mucho tiempo atacando y merodeando sus fronteras, y tercero, por las veces que la invadió directamente. Recordemos que llegó a estar a las puertas tanto de Roma como de Constantinopla.

En el cine

Atila, rey de los hunos (*Sign of the Pagan*, 1954), dirigida por el maestro del melodrama Douglas Sirk, es, sin duda, la mejor biografía que el cine ha hecho sobre Atila. Está protagonizada por Jack Palance como Atila y Jeff Chandler como Marciano, el emperador del Imperio bizantino que paró los pies al rey de los hunos.

Sobre el resto de los pueblos bárbaros hay bastantes películas interesantes que mencionar. *Los Nibelungos: la muerte de Sigfrido* (*Die Nibelungen: Siegfried*, 1924), obra maestra de Fritz Lang, adapta las leyendas que se ambientan en los reinos francos del siglo V. La segunda parte, *Los Nibelungos: la venganza de Krimilda* (*Die Nibelungen: Kriemhilds Rache*, 1924), también de Lang, es igual de buena e imprescindible que la primera.

La invasión de los bárbaros (*Kampf um Rom*, 1968), dirigida por Robert Siodmak, se sitúa en el siglo VI con Orson Welles en la piel del emperador bizantino Justianiano I, quien intentó recuperar Occidente y reunificar el imperio.

Una recomendación más. En 1964, Anthony Mann dirigió *La caída del Imperio romano*, que se centra en la época de los emperadores Marco Aurelio y Cómodo (siglo II a.C). Con Cómodo dio inicio una larga y dura etapa para Roma, llena de intrigas palaciegas y con los primeros ataques de los bárbaros.

OVA SPONGIA EX LACTE (*pancakes* de la Antigua Roma)

2 personas

15 min

Ingredientes

· 4 huevos
· 300 ml de leche
· 50 g de aceite de oliva
· aceite de oliva (para la sartén)
· pimienta negra
· miel

De tanto relacionarse con los romanos, seguro que Atila debió de probar uno de sus desayunos más típicos, los llamados pancakes *romanos. Aunque, más que* pancakes, *estos* ova spongia ex lacte *son como una tortilla dulce. La receta, como el rodaballo de Calígula, está extraída de* De re coquinaria, *los recetarios de Apicio.*

Preparación

Echamos en el vaso de la batidora los huevos, la leche y el aceite. Trituramos con una batidora de mano hasta conseguir una mezcla homogénea.

Ponemos al fuego una sartén de 16 cm, así conseguiremos más cantidad de tortillas. Si no tenéis una sartén tan pequeña, podéis utilizar una más grande. Lo que sí es importante es que la sartén sea antiadherente. Vertemos un chorrito de aceite en la sartén y calentamos a fuego medio-alto.

Echamos un poco de masa. Hemos de conseguir unas tortillas que no sean ni muy finas ni muy gruesas. Tapamos y dejamos cocinar unos 2 minutos por cada lado. Tened cuidado porque es una masa un tanto delicada y se puede romper fácilmente.

Se sirven recién hechas, pero no sin antes espolvorear un poco de pimienta negra y miel. La cantidad de miel dependerá de lo golosos que seáis.

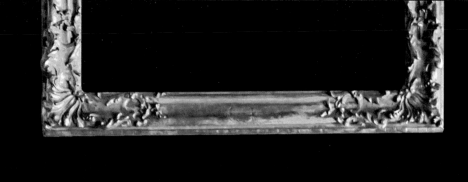

Abderramán II

El músico Ziryab
revoluciona la cocina

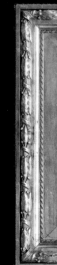

Cuando los vándalos entraron en la Hispania romana en el siglo V, se asentaron brevemente en el sur, de donde fueron expulsados por los visigodos. Se refugiaron entonces en el norte de África, por lo que los bereberes de la zona llamaron a la península Ibérica «la tierra de los vándalos». Por ello, cuando los árabes llegaron a la península tres siglos más tarde, el nuevo territorio conquistado pasó a llamarse «Al-Ándalus», en referencia a como eran conocidas esas tierras por los bereberes. En realidad, esta es una de las varias teorías que explica el nombre de la actual Andalucía. Pero no deja de ser una curiosa (y hasta simpática) anécdota que nos invita a pensar en el ser humano y su evolución. De cómo las guerras y las conquistas más sangrientas forjaron lo que el mundo es hoy en día, desde una línea que marca una frontera hasta un simple nombre.

Europa y Asia, como luego América y África, fueron un ir y venir de hombres luchando entre sí, de un imperio tras otro, un devenir imparable que, visto desde la comodidad de nuestro sofá, parece una larga guerra sin fin.

En el 711 el Califato Omeya era un vasto imperio que se extendía desde el actual Pakistán hasta el actual Marruecos. En ese año empezaron la conquista de la España visigoda, tarea que les llevó apenas cuatro años. Incluso fueron más allá de los Pirineos. Cuando los abasíes depusieron a los omeyas en el 749, trasladaron la capital de Damasco a Bagdad y sacrificaron a todos los miembros de la familia Omeya. Sin embargo, uno de ellos logró escapar, llegar a Al-Ándalus, montar un ejército de fieles y hacerse con el poder en aquellos territorios lejanos, entonces ya independientes del nuevo poder abasí. Ese hombre era Abderramán I, y fue el primer emir del Emirato Omeya de Córdoba. Desde entonces, las sublevaciones y guerras internas entre musulmanes de Al-Ándalus serán una constante en sus ocho siglos de ocupación. No solo tendrán que guerrear entre ellos, también ante los reinos cristianos que, poco a poco, irán ganando terreno. No faltarán tampoco las batallas entre cristianos y las alianzas entre unos y otros para acabar con un tercero. Incluso se unirán a la fiesta unos desalmados venidos del norte, cuya ferocidad superaba todo lo conocido hasta entonces. Pero de esos ya hablaremos en el siguiente capítulo.

Abderramán II fue el cuarto emir de Córdoba. Reinó durante treinta años en una de las épocas más prósperas para Al-Ándalus. Por un lado, fue un gobernante implacable con sus enemigos, tal y como lo había sido su padre, Alhakén I. Por el otro, también fue un hombre con numerosas inquietudes. Apostó por la cultura y el arte creando una espectacular biblioteca o haciendo la primera ampliación de la fabulosa mezquita. Pero también intervino en la reforma de la agricultura e impulsó extraordinariamente el comercio, ambas cosas cruciales para traer a Europa una inmensa cantidad de productos que ya se cultivaban con absoluta normalidad en Asia y África.

Si hoy en Europa —y, muy especialmente, en los países mediterráneos— se come variado y rico, es gracias a la invasión árabe. Ellos introdujeron y promovieron gran cantidad de verduras, frutas, especias, legumbres y frutos secos. Potenciaron el aceite de oliva. Trajeron el arroz, la pasta y el azúcar, además de un sinfín de recetas, tanto saladas como dulces. Modernizaron la agricultura y la ganadería. Antes de ellos, en la península visigoda se alimentaban al estilo de los romanos: pan, carne (cordero, conejo, ciervo, cerdo) y vino eran la Santísima Trinidad de la comida; también pescado (gustaba mucho el atún), leche y derivados, miel, algunas verduras y poco más. Lógicamente, hablamos de las élites, el pueblo o los esclavos no podían permitirse tanta variedad, ni con los visigodos ni con los árabes.

Y llegó Ziryab

Los árabes no solo trajeron nuevos ingredientes, también nuevas técnicas (como el escabeche) y nuevas costumbres. Fue un músico y poeta de origen kurdo (otras fuentes creen que persa), apodado Ziryab («mirlo negro»), quien revolucionó los hábitos alimenticios de los andalusíes. Ziryab llegó a la corte de Abderramán II huyendo de los abasíes y rápidamente se convirtió en uno de los más destacados asesores del emir en campos como el arte, la moda, las buenas costumbres o la alimentación. Su mayor aportación al terreno gastronómico ha perdurado hasta nuestros días. Dividió la comida en tres fases: entrantes, plato principal y postre. También introdujo los cubiertos, las copas de cristal, el mantel de lino, nuevas recetas y hábitos más higiénicos y saludables. Una revolución en toda regla que convirtió las mesas y banquetes de Córdoba en un ejemplo de buen gusto, mientras en el resto de Europa seguían comiendo como bárbaros.

Para Abderramán II todos estos cambios tan significativos introducidos por Ziryab debieron de ser enormemente satisfactorios, pues es sabida su afición a la comida, al lujo y al orden. Aunque su gran pasión fue, hasta su muerte, el cuidado de su enorme harén. En este último punto, no se diferenciará demasiado de los «salvajes» Atila o Gengis Kan.

El cuarto emir de Córdoba murió el 22 de septiembre del 852 a la edad de sesenta años, tras una enfermedad posiblemente agravada por un intento de envenenamiento dos años antes. Una de sus concubinas favoritas, Tarub, estuvo detrás de ese intento. A Abderramán le sucedió en el trono su hijo Mohamed I.

En el cine

Es sorprendente que el cine español no haya sabido sacar provecho de una época tan interesante como el Salvaje Oeste americano (o más).

La película más destacada sobre este período se rodó en España, pero bajo producción norteamericana: *El Cid* (1961). El filme está protagonizado por Sofía Loren y Charlton Heston, que interpretan, respectivamente, a Jimena y al legendario Rodrigo Díaz de Vivar, quien conquistó Valencia para la causa cristiana. No deja de ser un péplum al estilo romano de los que tanto gustaron en Hollywood durante los años sesenta. Se trata de una buena película, en cualquier caso, con la firma de Anthony Mann, uno de los grandes.

Como producción española (coproducida por italianos y alemanes) se puede destacar *Los cien caballeros* (1964), de Vittorio Cottafavi. Una historia de venganza y resistencia ambientada en un pueblo cristiano del siglo XI ocupado por los árabes, con ciertas similitudes con los *spaghetti western* que tanto triunfaron en aquellos años. Es uno de los escasos ejemplos de calidad y una muestra de que se podría haber creado todo un nuevo género cinematográfico.

La venganza de don Mendo es una famosa obra teatral que el actor y director Fernando Fernán Gómez llevó al cine en 1961. Se trata de una hilarante comedia ambientada en el Reino de León del siglo XII, con el rey Alfonso VII como uno de los protagonistas. Aunque la obra no se centra en acontecimientos históricos, en esta época suceden varios episodios clave en la lucha entre cristianos y musulmanes. El propio Alfonso VII llegó a conquistar ciudades como Córdoba y Almería, que estaban en manos de almorávides y almohades, tribus bereberes venidas de África que se habían hecho con el poder. Estas conquistas, sin embargo, fueron breves, y las tierras volvieron a ser rápidamente de dominio musulmán.

Por último, la serie de televisión *Réquiem por Granada* narra la vida de Boabdil, el último rey musulmán en tierras españolas, expulsado por los Reyes Católicos en 1492. La serie acaba cuando Boabdil abandona Granada y se da la vuelta en un cerro desde donde se divisa la bella e imponente Alhambra. El rey nazarí suspira. Aunque la serie no lo muestra, según la leyenda, su madre responde al suspiro del moro con la famosa frase: «Lloras como una mujer lo que no supiste defender como un hombre». Una afirmación del todo injusta, pues la capitulación de Boabdil permitió salvar muchas vidas y conservar la propia Alhambra sin un solo rasguño. La serie fue dirigida para TVE por el veterano Vicente Escrivá en 1991.

SIKBÂCH DE CABALLA CON CÍTRICOS Y ESPECIAS (caballa en escabeche)

4 personas

50 min

Ingredientes

· 600 g de caballa
· 1 limón
· 1 naranja
· 1 cebolla
· 3 dientes de ajo
· 2 cdas. de azúcar moreno
· 20 ml + 250 ml de agua
· 50 ml de vinagre agridulce
· aceite de oliva
· cilantro fresco (para decorar)
· sal

ESPECIAS

· 1 hoja de laurel
· 4 clavos de olor
· 4 vainas de cardamomo
· 5 granos de cilantro
· 10 granos de pimienta rosa
· 2 ramas de tomillo fresco
· 2 rodajas de jengibre fresco

El escabeche es una técnica de conservación que los árabes trajeron a la península Ibérica, y que se convirtió con el tiempo en uno de los sellos más distintivos de la cocina española. El escabeche, más que para conservar, se ha acabado usando como condimento de pescados y aves, ya sea en las casas o en los más distinguidos restaurantes.

Esta receta está adaptada del recetario La cocina en Al-Ándalus, editado por la Diputación Provincial de Almería tras un trabajo de investigación en el que se recuperaron antiguas recetas, tanto árabes como españolas con influencia musulmana.

Preparación

En una sartén ponemos un chorrito de aceite de oliva virgen extra y doramos los ajos pelados. Cuando empiecen a cambiar de color, incorporamos la cebolla cortada en fina juliana, salamos ligeramente y dejamos que se sofría a fuego medio-bajo hasta que coja un bonito color dorado. Reservamos.

En otra sartén grande o cacerola echamos 20 ml de agua junto con el azúcar moreno y preparamos una especie de caramelo. Una vez que se disuelva todo el azúcar, vertemos el vinagre y 250 ml de agua. A continuación, incorporamos todas las especias y un par de pieles de limón y naranja sin la parte blanca. Dejamos cocinar a fuego bajo hasta que rompa a hervir.

Partimos la naranja y el limón por la mitad. Con la mitad de cada uno hacemos zumo. La otra mitad la pelamos a lo vivo, es decir, hemos de dejar cada gajo sin restos de parte blanca. Cortamos los medios gajos en dados y los incorporamos a la cacerola con el escabeche. Añadimos los zumos y el sofrito de ajo y cebolla que teníamos reservado.

Dejamos reducir unos 20 minutos o hasta que la salsa empiece a espesar. Justo en ese momento, incorporamos los lomos de la caballa limpios de espinas. Colocamos los filetes repartidos por la cacerola con la piel hacia arriba. Dejamos cocinar 4 minutos. Retiramos del fuego y dejamos enfriar.

Los escabeches están mucho mejor de un día para otro. Para servir, quitamos la hoja de laurel, los granos de cilantro y cardamomo, los clavos de olor, los granos de pimienta y las hojas de tomillo y servimos los filetes de caballa sobre la cama de cebolla. Espolvoreamos un poco de cilantro fresco.

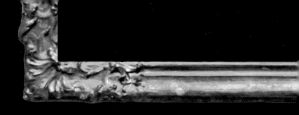
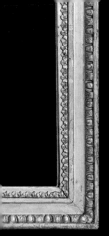

Erik el Rojo y los vikingos

Los depredadores del norte llegan a América

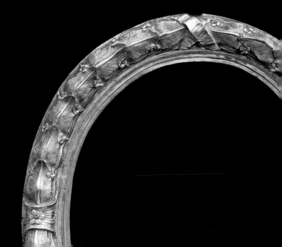

La historia de los vikingos es una de las más apasionantes que existen. Parece mentira que los civilizados ciudadanos escandinavos de hoy en día tuvieran unos ancestros con tan mala fama. Pero lo cierto es que los vikingos no solo dejaron descendientes en sus tierras, sino prácticamente en toda Europa. Gracias a sus tropelías y a sus rutas comerciales, todo el continente quedó interconectado.

Los vikingos, en cualquier caso, fueron famosos por su temeridad y ferocidad. Hicieron del saqueo su modo de vida. Su éxito se basaba en la rapidez de sus ataques. Llegaban a las costas con sus veloces naves y remontaban los ríos prácticamente por sorpresa. Arrasaban con todo aquello que iban encontrando y desaparecían con la misma velocidad con la que habían venido. Como un huracán, sin avisar y sin piedad. Su objetivo era el oro y cualquier objeto valioso. Mataban sin contemplaciones y los únicos supervivientes que quedaban tras su paso eran raptados y vendidos posteriormente como esclavos.

Aunque los vikingos ya habían tenido contactos comerciales y habían merodeado por las islas británicas, su primer ataque conocido tiene fecha y lugar: el 8 de junio del 793 en el monasterio de Lindisfarne, al norte de Inglaterra. Incendiaron el lugar y mataron o capturaron a los inofensivos monjes. Luego, sus ataques se extendieron por toda Europa: Francia, Países Bajos, Alemania, España e incluso Italia. Fueron un auténtico quebradero de cabeza. Inicialmente, sus ataques imprevistos tenían lugar en sitios desprotegidos que poco podían hacer ante la fiereza de los guerreros vikingos, pero conforme fueron unificándose empezaron también a colonizar territorios y atacar ciudades importantes. El martillo de Thor golpeaba sin compasión, ya fuera a los cristianos del Imperio carolingio o a los musulmanes de Al-Ándalus.

La construcción de un imperio

Como comerciantes también fueron excelentes. Los vikingos suecos abrieron la ruta comercial hacia Constantinopla atravesando la Europa del Este, donde vendían como esclavos a todos aquellos infortunados que iban encontrando por el camino. De allí se traían, entre otras cosas, especias exóticas para condimentar las comidas.

Precisamente para controlar esas rutas, los vikingos fundaron la Rus de Kiev en el 882, germen de la futura Rusia.

A mediados del siglo x el rey Gorm había unificado el territorio vikingo, lo que hoy sería Dinamarca, Noruega y Suecia. Su hijo Harald Diente Azul abrazó el cristianismo cuando subió al trono en el 960. Parece que esta conversión amansó ligeramente a los feroces vikingos. O, más bien, lo que los aplacó fue la amenaza del Sacro Imperio Romano Germánico, comandado por Otón I y gestado un siglo antes por Carlomagno.

Los sucesores de Harald se repartieron el imperio, guerrearon entre ellos, recuperaron los dioses paganos y la ferocidad, aunque se centraron especialmente en Inglaterra y la costa francesa. En Francia se pelearán por el control del Loira y Normandía. En el este, pasarán de comerciar a atacar Constantinopla, para finalmente formar parte de la guardia imperial bizantina, la conocida como guardia varega.

Harald III de Noruega (quien formó parte de la guardia varega) fue el último gran rey. Falleció en la batalla de Stanford Bridge en 1066, tras intentar reconquistar Inglaterra a los sajones. Finalmente, un descendiente vikingo, el rey normando Guillermo I, se hizo con el trono inglés.

A lo largo del siglo xi los vikingos se fueron apagando. La conversión al cristianismo de los tres reinos fue total, fueron perdiendo los territorios conquistados y sus feroces incursiones pasaron a la historia.

Erik el Rojo y América

La expansión vikinga por las islas occidentales fue imparable. Llegaron a las Feroe en el 800. Colonizaron diferentes archipiélagos (hoy escoceses) desde Irlanda, ocupada en el 853. En el 874 los vikingos noruegos llegaron a Islandia desde las islas Feroe. Se asentaron en tierras islandesas y, desde allí, emprendieron increíbles viajes nunca antes realizados.

Desde el 900 se cree que ya sabían de la existencia de Groenlandia, aunque no empezarán su colonización hasta el 982, ¡quinientos años antes de que Cristóbal Colón llegara al Caribe! Y en el año 1000 ponen pie en Terranova, en pleno continente americano. El poco interés en esas tierras y la presencia de las belicosas tribus nativas provocaron que salieran de la llamada Vinlandia tan sigilosamente como habían entrado.

El hombre que llevó a los vikingos hasta allí se llamaba Erik Thorvaldsson, apodado «el Rojo» por el color de su pelo. Pirata, comerciante y explorador, nació en el 950 en el seno de una familia noruega que había emigrado a Islandia, como tantas otras, huyendo de alguna sangrienta disputa.

Erik tuvo también sus problemas en Islandia. Acabó siendo expulsado, lo que le obligó a lanzarse al mar en busca de nuevas aventuras. Pasará a la historia por colonizar y dar nombre a la enorme isla de Groenlandia, una tierra blanca de hielo que el explorador vikingo llamó «tierra verde» tras descubrir un pequeño espacio habitable. En ese espacio pudieron cultivar la tierra y criar animales los muchos colonos que Erik llevó de Islandia. Para cazar tenían multitud de focas y morsas, de las que se aprovechaba prácticamente todo.

De no haber caído enfermo, también se habría llevado la fama de ser el primer europeo en pisar la América continental, honor que recayó en su hijo, Leifr Eriksson.

Una vida sencilla

La comida de los vikingos se podría dividir en tres grandes grupos: cereales, carne y pescado. Cosechaban principalmente cebada, centeno, avena y, en menor medida, trigo. Con estos cereales hacían pan (normalmente sin fermentar) y gachas. Con la cebada también producían cerveza. Además, cultivaban algunas verduras (col, cebolla, guisantes, puerros) y recolectaban frutas (manzanas y frutos rojos especialmente).

La carne era un alimento importante en la dieta vikinga. Criaban cerdos, ovejas, cabras, caballos, gallinas y vacas, de los que aprovechaban su carne y su leche. Cazaban alces, ciervos, jabalíes, aves, focas y morsas. También ballenas, si se quedaban varadas en la costa. Conservaban la carne siguiendo diferentes métodos: salado, ahumado o secado.

El pescado estrella para los vikingos era el bacalao, que, por lo general, se secaba al viento colgado de una caña. Gustaba mucho el arenque, que se salaba para su conservación. No faltaban el salmón, la perca o el lucio, pescados de río que se solían ahumar. Mejillones y ostras entraban ocasionalmente en su dieta. Como buenos marineros, consumían de forma habitual una gran variedad de pescados.

Lógicamente, esto no era lo común para todos los habitantes, dependía de la zona, época y posición social. La mayoría de los vikingos tenía una alimentación básica, con elaboraciones muy sencillas. Como, de hecho, solía ser su vida cuando no estaban navegando. Todo se comía hervido o, como mucho, a la brasa. En invierno había que consumir lo conservado en verano. No debió de haber demasiada sofisticación en las recetas. Se sabe que les encantaba beber y la vida social. Sus bebidas alcohólicas eran la cerveza y el hidromiel. Vivían en pequeñas aldeas diseminadas por toda la costa o laderas de los ríos, dependientes de jefes o reyes locales. Era una vida sencilla, pero también muy dura. No es de extrañar, por tanto, que el pillaje fuera fundamental si querían aspirar a algo más.

La mujer no era una mera comparsa en la sociedad vikinga, pues ellas eran las encargadas de cuidar los campos y las granjas durante las largas ausencias de los hombres.

En el cine

Los vikingos (*The Vikings*, 1958) de Richard Fleischer es, sin lugar a dudas, la mejor y más entretenida película sobre vikingos. Estuvo protagonizada por un triángulo amoroso en toda regla: Kirk Douglas, Tony Curtis y Janet Leigh. ¡Una película excelente!

La trilogía vikinga del islandés Hrafn Gunnlaugsson nos lleva a tres épocas y lugares distintos. En *Ojo por ojo. Cuando los cuervos vuelan* (*Hrafninn flýgur*, 1984) viajamos a Irlanda e Islandia, en una historia de venganza que recuerda tanto a *Conan el Bárbaro* como a los *westerns* de Sergio Leone. *La sombra del cuervo* (*Í skugga hrafnsins*, 1988) nos narra una guerra entre clanes en la Islandia de 1077 provocada por la disputa de una ballena muerta. Por último, *El vikingo blanco* (*Hvíti víkingurinn*, 1991) nos lleva hasta la Noruega e Islandia de 999, cuando el cristianismo avanzaba a golpe de espada. La mejor entrega es la segunda.

De televisión, cabe mencionar dos series, muy distintas entre sí, pero igual de interesantes. La primera es la exitosa *Vikingos* (*Vikings*, 2013-2019), alabada por su fidelidad histórica, a pesar de estar basada en las aventuras del líder vikingo Ragnar Lothbrok, cuya vida está llena de leyendas. Douglas y Curtis interpretaron a los hijos de Ragnar en la película de 1958 antes citada. Recomendable, especialmente la primera temporada.

La segunda es la serie infantil germano-japonesa *Vickie el vikingo* (*Wickie und die starken Männer*, 1974-1975), donde los vikingos son tan fieros como encantadores. Verla de nuevo es como hacer un viaje a la infancia.

SALMÓN AHUMADO

Los vikingos ahumaban el salmón para conservarlo, pero hoy en día se sigue haciendo principalmente para darle sabor. Cuando pensamos en salmón ahumado nunca se nos ocurre hacerlo en casa, y no solo es más fácil de lo que parece, sino que además es muy divertido. Es posible comprar sales ahumadas que, además de marinar el salmón, le dan el toque ahumado, pero en esta receta vamos a aprender a marinar el pescado y ahumarlo en frío. Es decir, el humo aportará sabor, pero no cocinará el pescado.

Este salmón resulta delicioso tanto solo como acompañado en tostadas, ensaladas, con queso crema o aguacate. Podemos conservarlo en la nevera durante 2 semanas o congelarlo loncheado o en porciones.

4 personas
- ⏱ 130 min
- ❄ congelación
- 💤 reposo

Ingredientes

- 700 g de lomo de salmón
- 1 kg de sal gorda
- ½ kg de azúcar
- virutas o serrín de cerezo
- 1 rejilla para ahumado
- 1 vela

Preparación

En la pescadería pedimos el salmón sin desescamar y limpio de espinas. Lo congelamos durante 1 semana. Pasado ese tiempo, sacamos el salmón y lo dejamos descongelar durante 24 horas en la nevera.

Mezclamos la sal y el azúcar. En una bandeja hacemos una cama con parte de la mezcla. Colocamos el salmón con la piel bocabajo. Cubrimos con el resto de la mezcla. Colocamos encima otra bandeja más pequeña y le ponemos un peso (por ejemplo, un paquete de 1 kg de legumbres).

Reservamos en la nevera durante 24 horas.

Transcurrido ese tiempo, lavamos bien el salmón bajo el grifo para eliminar todos los restos de sal y azúcar. A continuación secamos bien la pieza con papel de cocina. Ya tenemos listo nuestro salmón para ahumarlo en frío.

Colocamos el salmón sobre papel de aluminio en la barbacoa. Justo al lado, ponemos una rejilla especial de ahumado llena de virutas o serrín de cerezo. Encendemos la vela, tapamos la barbacoa y dejamos que se vayan consumiendo las virutas. Es importante que la tapa de la barbacoa tenga alguna salida de humo, si no es así bastará con dejar la puerta entreabierta con ayuda de una cuchara de madera o algo similar. Dejamos el salmón ahumándose durante 2 horas.

Una vez pasadas las 2 horas, guardamos el salmón en un táper hermético y lo reservamos en la nevera durante 24 horas. A partir de entonces ya se podrá comer.

Descubre más

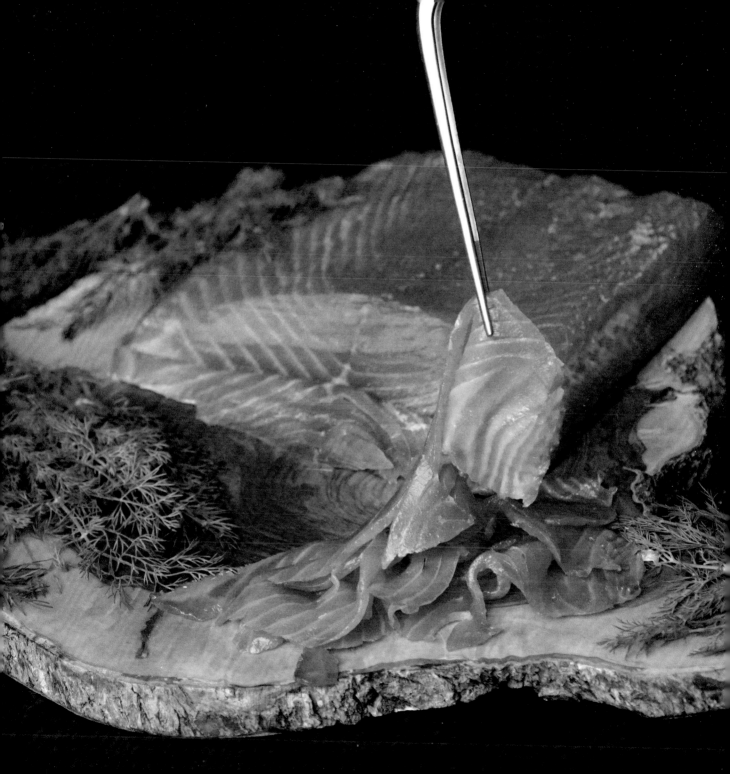

SIGLO XIII

Gengis Kan

El mayor conquistador de la historia

Gengis Kan fue el primer Gran Kan, el fundador del Imperio mongol, ese que llegó a ser el más grande imperio contiguo. Los descendientes de Gengis llegaron a ocupar toda China y Asia Central, Turquía, buena parte de Rusia y hasta una parte de la Europa del este. No invadieron Japón y Europa occidental de milagro.

El mérito de Gengis Kan fue unificar bajo su mando a todas las tribus nómadas de Mongolia e ir conquistando y saqueando territorios casi sin despeinarse. Su ejército era famoso por su disciplina y ferocidad, una combinación demoledora.

Llegó a tener treinta y seis esposas e innumerables descendientes, hasta el punto de que se dice que el 8 % de la población actual de la zona viene de Gengis, más de dieciséis millones de personas. ¡Eso sí que es tener familia numerosa!

La búsqueda de pastos y comida pudo haber provocado su enorme expansión. De hecho, en China obtenían el arroz, las verduras, las legumbres, la salsa de soja e incluso el pan del que no disponían en sus tierras.

Pero ¿qué comían esos mongoles en continuo movimiento, guerreando a lomos de sus caballos y sin un sitio fijo al que llamar hogar? Obviando los alimentos que adquirían en los lugares que iban invadiendo, su dieta era la típica de un nómada. Básicamente, comían la carne y la leche de los animales que llevaban consigo: caballos, ovejas, corderos, vacas, yaks, camellos y cabras.

Con la leche hacían quesos y yogures, e incluso una bebida alcohólica llamada airag, a base de leche de yegua fermentada. Con la carne no se complicaban demasiado, simplemente a la brasa, ya fuera en piezas grandes o cortada para brochetas o pinchos. Parece que esta última era una de las fórmulas preferidas de Gengis Kan: carne de cordero o ternera ensartada en brochetas acompañada de los pocos alimentos vegetales que tenían, normalmente ajo y cebolla.

No hay demasiada información sobre si usaban especias o hierbas aromáticas, pero pudiera ser, teniendo en cuenta que dominaron los territorios de la Ruta de las Especias. Hoy en día, para hacer unas brochetas de cordero, cerdo o ternera, sería recomendable usar especias para marinar las carnes, especialmente si se cocinan a la plancha o a la brasa. Este marinado no solo sirve para dar sabor, sino para ablandar la carne. Se cuenta que los mongoles ablandaban la carne poniéndola debajo de sus monturas. Tras un largo día de saqueo y cabalgata, la carne quedaba bien tierna para asarla. No sabemos si esta historia es del todo cierta. Desde luego, tampoco es ningún disparate. Seguro que el método funciona, pero sin caballo ni tiempo para comprobarlo, lo mejor en nuestras casas es optar por el marinado.

El gran emperador

Gengis Kan nació en una familia noble, su nombre real era Temuyín. Las luchas por el poder llevaron a su familia al exilio y la pobreza, pero sobrevivió a todos los infortunios hasta llegar a convertirse en el emperador más poderoso de todos los tiempos.

Como otros grandes generales y conquistadores que hemos visto y veremos en este libro, destacó por su ambición, inteligencia y capacidad de liderazgo. También, cómo no, por su crueldad. Alejandro Magno, Napoleón, Julio César, Gengis Kan... Todos sabemos que ninguno de ellos fue una hermanita de la caridad.

También hemos visto a lo largo de los primeros capítulos cómo Mesopotamia y todo Oriente Medio fueron invadidos progresivamente por los diferentes imperios que se fueron gestando a su alrededor: persas, griegos, romanos, árabes o turcos. Por lejanía, resulta comprensible que China no llegara hasta aquí, a pesar de tener el ejército más poderoso del mundo. Pero para Gengis Kan y los mongoles la distancia no era un problema. Y, superando cualquier lógica, sus guerreros cruzaron toda Asia para arrasar también la cuna de la civilización.

Había una evidente repulsa del nómada Gengis Kan hacia un estilo de vida que no fuera como el suyo. Es decir, todo tipo de asentamiento demasiado avanzado merecía ser saqueado y destruido. Los mongoles acabaron con el poder de los turcos selyúcidas y dejaron la zona como en tiempos de los sumerios, acabaron con los sistemas de riego que tanto beneficio y alimento reportaron durante siglos.

¿Recordáis a los abasíes de los que hablamos en el capítulo dedicado a Abderramán II? Con Gengis Kan muerto, se envalentonaron y plantaron cara a los mongoles, entonces dirigidos por Hulagu, nieto del Gran Kan. Hulagu los barrió del mapa y acabó con lo que quedaba del califato, incluida la religión musulmana. Contra todo pronóstico, el avance mongol fue frenado por los egipcios en Siria dirigidos por el mameluco Baibars. A la muerte de Kublai Kan, los mongoles de Oriente Medio se independizaron y, las vueltas de la vida, se acabaron haciendo musulmanes. No mucho tiempo después, con los mongoles divididos y enfrentados, apareció otra tribu que iba a poner la zona nuevamente patas arriba: los turcos otomanos.

La tumba secreta

Gengis Kan murió el 18 de agosto de 1227 a la edad de sesenta y cinco años, supuestamente en plena batalla (otras fuentes dicen que simplemente se cayó de su caballo), dejando tras de sí un aura de leyenda que ningún otro Kan pudo superar. Su nieto Kublai Kan llevó la capital del imperio a Pekín y fue famoso por las crónicas de Marco Polo.

La tumba de Gengis Kan es uno de los mayores misterios de la arqueología. Ha sido buscada durante siglos, a buen seguro estará llena de todo tipo de tesoros. Se cree que está en la montaña sagrada donde el joven Temuyín prometió vengarse de sus enemigos, pero las autoridades no facilitan su exploración. Los mongoles prefieren respetar la voluntad de su Gran Kan incluso ochocientos años después de su muerte.

En el cine

Hay varios *biopics* sobre Gengis Kan, ninguno especialmente brillante. Quizá *Mongol*, dirigido por el ruso Sergey Bodrov en 2007, sea el más interesante. Como curiosidad, cabe señalar que actores tan célebres como John Wayne (*The Conqueror*, 1956) u Omar Sharif (*Genghis Khan*, 1965) han dado vida al gran emperador mongol.

La princesa de Samarkanda (*The Golden Horde*, 1951) es un ingenuo entretenimiento de apenas 73 minutos donde todos hablan inglés, en la que un puñado de cruzados cristianos hacen frente con éxito a las hordas de Gengis Kan en su avance hacia Oriente Medio. Fue dirigida por George Sherman, especializado en *westerns* de serie B.

Si nos centramos en películas sobre mongoles alejadas de la época de Gengis Kan, podemos encontrar verdaderas joyas. Por ejemplo, *Tempestad sobre Asia* (*Potomok Chingis-Khana*, 1928), del director ruso Vsévolod Ilariónovich Pudovkin, uno de los grandes maestros del cine soviético junto con Serguéi M. Eisenstein, Aleksandr Dovzhenko y Dziga Vértov. Otra que destacar es *Urga, el territorio del amor* (*Urga*, 1991), del también ruso Nikita Mijalkov. Por último, pocas películas (realmente ninguna) con mongoles de por medio habrá mejores que *Siete mujeres* (*7 Women*, 1966), la última obra de John Ford, con Anne Brancroft en el mejor papel de su carrera.

Ingredientes

- 400 g de paletilla de cordero deshuesada y limpia de grasa
- 4 cdas. soperas de aceite de oliva
- 1 cdta. de comino molido
- 3 dientes de ajo
- 1 cdta. de jengibre fresco picado
- 1 cdta. de chile fresco
- 1 cdta. de granos de pimienta 5 colores
- perejil fresco
- pimienta negra y sal

PARA LA SALSA

- 250 g de yogur griego natural
- ralladura y zumo de limón
- aceite de oliva
- pimienta negra y sal

Descubre más

BROCHETAS DE CORDERO AL ESTILO MONGOL

El secreto de esta receta está en la calidad de la carne. Por eso, nuestro consejo es que compréis un cordero de buena calidad.

Aunque los antiguos mongoles debieron de usar aceite de sésamo o grasa animal, nosotros usaremos aceite de oliva y añadiremos especias y otros condimentos. Con ello haremos un plato aún más rico y sabroso.

Preparación

Limpiamos la paletilla de la grasa exterior y tendones. Cortamos en dados regulares y salpimentamos.

En un bol echamos el aceite, el comino, el ajo picado, el jengibre, el chile y los granos de pimienta. Mezclamos bien. Incorporamos los trozos de cordero, removemos bien para que se impregnen y reservamos toda la noche en la nevera.

Sumergimos durante 20 minutos los palitos de brocheta en agua para evitar que se quemen al cocinar. Ensartamos la carne en los palitos de brocheta. Cocinamos las brochetas en una plancha hasta que estén bien doradas.

Para la salsa de yogur, mezclamos todos los ingredientes (yogur, ralladura y zumo de limón, aceite de oliva, pimienta negra, sal) y rectificamos al gusto.

Servimos las brochetas con la salsa de yogur y espolvoreamos con perejil fresco picado.

Juana de Arco

La doncella de Orleans

Juana de Arco nació en 1412 en la pequeña localidad francesa de Domrémy. Su padre era campesino y guardia local, lo que le dio una posición un tanto desahogada. Desde pequeña oía voces y tenía visiones de santos, lo que la convertiría en una chica diferente a las demás. El mismísimo san Miguel le ordena que libere a su país del dominio inglés.

La guerra de los Cien Años enfrentó a Francia e Inglaterra por el dominio de los territorios que los segundos tenían bajo su control en zona de los primeros. El conflicto comenzó en 1337 y se alargaría durante ciento dieciséis años. En 1429, los ingleses habían cercado Orleans y la guerra se había puesto cuesta abajo para los franceses, quienes a su vez estaban sumidos en una guerra civil entre armagnacs y borgoñones. Juana, que ya había sido rechazada una vez, volvió a entrevistarse con el príncipe Carlos. No era una guerrera, y además era analfabeta, pero con apenas diecisiete años pretendía comandar un ejército para iniciar la liberación de Francia. Tras someterla a examen, el príncipe dio veracidad a las visiones de Juana y le concedió cinco mil hombres, con los que derrotó a los ingleses en Orleans. No acabó ahí su misión: hizo retroceder al enemigo hasta Reims, donde Carlos VII se coronó rey. Más que un jefe militar, Juana era un líder. Portaba el estandarte durante las batallas y alentaba sin descanso a los suyos, ya fueran soldados o campesinos. Tras esta increíble gesta, las voces desaparecieron y Juana entendió que su misión había concluido. Aun así, se le encargaron nuevas misiones, como la toma de París, que no acabaron teniendo tanto éxito. Finalmente, fue capturada en 1430 por los borgoñones (enfrentados a Carlos VII), que la entregaron a los ingleses.

El proceso

Juana de Arco fue trasladada a Ruan, donde no la juzgó un tribunal militar, sino uno religioso que la acusaba de herejía y brujería. Tres largos y duros meses de encierro, interrogatorios y torturas pasó la joven Juana, de diecinueve años, antes de ser declarada culpable y quemada viva en la plaza del mercado de Ruan. Era el 30 de mayo de 1431.

La larga guerra terminó veintidós años después con la victoria de los franceses y la expulsión de los ingleses. Los triunfos de la doncella de Orleans fueron fundamentales para levantar el ánimo de las tropas y darle un vuelco emocional a la guerra. Sin embargo, las sospechas de que fue traicionada por el propio rey y sus mandos militares planean amargamente sobre su recuerdo. En vida fue una heroína, muerta pasó a ser mártir, y con el tiempo se convirtió en santa. Hoy, en Francia, es un emblema nacional.

Mesa rica, mesa pobre

La cocina francesa nace casi a la vez que su mayor heroína. Entre la muerte de Taillevent y el nacimiento de Juana de Arco pasan apenas dieciséis años. La importancia del cocinero Guillaume Tirel «Taillevent» en la historia de la comida es crucial. Podría considerarse como el primer gran chef, ese jefe de cocina que controla y dirige no solo la elaboración de los platos, sino todo lo concerniente al acto de comer: desde la decoración de las mesas a la elección del vino. En definitiva, aquel que lleva la gestión total de una cocina. Taillevent llegó a dirigir las cocinas del rey Carlos VI de Francia y, lo más importante de todo, dejó sus conocimientos escritos en libros, algo hasta entonces muy poco habitual. Las recetas y técnicas de la época quedaron inmortalizadas, es por ello por lo que se considera este momento como el nacimiento de la cocina francesa. Estamos a finales del siglo XIV, en plena Baja Edad Media.

A lo largo de toda la Edad Media la carne será el plato estrella en las mesas de reyes y nobles: aves, bueyes, ciervos y jabalíes, primero hervidos y luego asados. El pescado también está muy presente, ya sea solo o como relleno de carnes. Las salsas gustan especiadas, ácidas y dulces. La comida se sirve en varios servicios (de tres a seis) en una especie de bufet libre donde cada comensal se sirve la cantidad que le apetece. En cada uno de estos servicios se servirá más y más carne, con sus salsas y acompañamientos, excepto en el último, que se dedicará a los postres (pasteles, fruta y frutos secos). A este tipo de servicio se le llamará «a la francesa». Las piezas de carne se cocinan enteras y las trincha con su espada el anfitrión. No hay platos, su función la cumple una rodaja de pan y se come con las manos. El tenedor aún no ha llegado a Francia, habrá que esperar a que Catalina de Médici, desde Italia, lo meta en su maleta en 1533. Tampoco hay servilletas, serán los manteles de las mesas los que sirvan para limpiarse. Una mayor higiene y las buenas costumbres en la mesa también deberán esperar a Catalina de Médici, a pesar de llevar cinco siglos presentes en los reinos musulmanes de la península Ibérica.

Habrá platos elaborados más allá de las carnes simplemente asadas, como los patés, estofados, civet o sopas. Las especias no solo servirán para conservar y dar mayor variedad de sabor a las carnes y pescados, también serán un signo de distinción. Son productos caros venidos de

Oriente, y su abuso será sinónimo de opulencia. También, se cree, se pudieron usar para tapar los sabores de carnes en mal estado o por razones médicas, al ser muy buenos digestivos. Para beber, el vino era el rey. Había diferentes variedades, algunos más aromáticos o perfumados con especias, pero el más prestigioso era el de Borgoña.

En las casas de los campesinos y del resto de las clases bajas la comida no destacará precisamente por su abundancia y variedad. El trigo, una vez más, será el alimento básico de la población, con el que se harán pan y gachas. Del campo vendrá la mayor fuente de la alimentación: ajos, cebollas, zanahorias, rábanos, nabos... Tenían prohibida la caza (exclusiva de las clases altas), por lo que el pollo y la gallina serán las carnes más usadas, normalmente en sopas y guisos. Los guisos para banquetes u ocasiones especiales, aparte de con carne, se harán con las hortalizas disponibles, vino agrio y unas pocas especias. De pescado, abundaba el de río, fácil de pescar y sin restricciones.

Es una norma que se repite, casi inalterablemente, a lo largo de los tiempos. Los ricos se recrean y hasta tiran la comida, mientras que los pobres simplemente sobreviven y miran al cielo angustiados temiendo un año de malas cosechas.

En el cine

Pocos personajes habrán gozado de la atención del cine como Juana de Arco. Dos obras maestras de dos grandes maestros narran el juicio y muerte de la heroína francesa: *La pasión de Juana de Arco* (*La passion de Jeanne d'Arc*, 1928), de Carl Theodor Dreyer, y *El proceso de Juana de Arco* (*Procès de Jeanne d'Arc*, 1962), de Robert Bresson. Dos películas de estilos y miradas diferentes. Dreyer apostó por el lenguaje fragmentado y los primeros planos, mientras que Bresson no cedió a su inimitable estilo de largos planos secuencia y modelos inexpresivos.

La gran Ingrid Bergman encarnó dos veces el papel. Primero en 1948 bajo las órdenes de Victor Fleming y, posteriormente, en 1954 con Roberto Rossellini.

Directores notables como George Mèliès, Cecil B. De Mille, Otto Preminger, Jacques Rivette o Bruno Dumont han llevado también la vida de Juana de Arco a la gran pantalla. ¡Un personaje absolutamente cinematográfico!

SOPA DE CEBOLLA A LA ALSACIANA

A veces, las cosas más sencillas son las más ricas. Esta sopa de cebolla puede parecer una comida modesta, pero no por eso deja de ser un plato de cuchara de lo más reconfortante y delicioso. Esta receta tradicional francesa pasó de ser una comida de pobres a ponerse de moda en los restaurantes del París del siglo XIX.

Preparación

Pelamos las cebollas y las cortamos en rodajas. Derretimos la mantequilla en una cacerola de hierro fundido (a ser posible). Incorporamos las cebollas y los ajos picados y sofreímos a fuego alto durante 5 minutos o hasta que la cebolla esté dorada.

Calentamos el caldo de pollo sin que llegue a hervir.

Echamos la harina sobre la cebolla, la ramita de tomillo y las 4 especias. Removemos y cocinamos 3 minutos.

Vertemos el caldo caliente. Rectificamos de sal y dejamos cocinar a fuego medio-bajo durante media hora.

Cortamos la *baguette* en rodajas finas y las tostamos en el horno, unas 3 rebanadas de pan tostado por comensal.

Llenamos el bol o plato de presentación de sopa. Justo antes de comer, colocamos encima de cada bol 3 tostadas y espolvoreamos un buen puñado de queso *gruyère* por encima. Gratinamos en el horno y servimos.

👤 **4 personas**

🕐 50 min

Ingredientes

- 3 cebollas grandes
- 2 ajos
- ¼ de *baguette*
- 100 g de queso *gruyère* rallado
- 1 l de caldo de pollo
- 80 g de mantequilla salada
- 10 g de harina
- ½ cdta. de 4 especias
- 1 ramita de tomillo
- sal

PARA LAS 4 ESPECIAS

- 20 g de pimienta negra
- 6 g de nuez moscada en polvo
- 6 g de clavo en polvo
- 6 g de canela en polvo

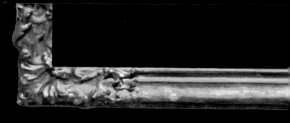

SIGLO XV

Vlad el Empalador

El origen de Drácula

-

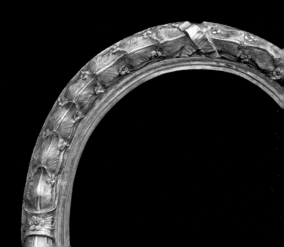

Cuando en 1992 Francis Ford Coppola estrenó su particular versión del famoso conde Drácula, mucha gente en España y América descubrió (gracias al prólogo de la película) que uno de los mayores malvados de la historia del cine estaba inspirado en una persona real. Algo que ya sabían en buena parte de Europa, pues ese personaje había inspirado otras muchas historias.

Drácula, como los vampiros en general, había sido un tema muy recurrente en el cine, la literatura, la televisión y la cultura popular. ¿Quién no se ha disfrazado alguna vez del malvado Señor de la Noche, con una capa y unos colmillos de juguete? ¿Quién no ha pensado en algún momento en vampiros al ver una cabeza de ajos? ¿Y quién no ha jugado a morder el cuello de un amigo o pareja simulando ser un vampiro? Drácula es uno de los personajes más arraigados en la cultura occidental, muy especialmente entre los niños, que han sentido hacia él tanto terror como admiración.

Mucha de la culpa la tiene el cine, que, desde la época muda, llevó las aventuras de Drácula y las criaturas de su entorno a infinidad de películas.

Se sabía que vivía en Transilvania, en la lejana Rumanía, pero no todo el mundo conocía su verdadero origen hasta que Coppola puso de moda nuevamente el personaje en los años noventa. Fue a partir de aquí, al menos en España, cuando el nombre de Vlad el Empalador empezó a hacerse conocido.

El demonio en la tierra

Vlad Draculea nació en 1431. Era hijo de Vlad II Dracul, príncipe de Valaquia, un territorio situado al sur de Rumanía disputado entre dos poderosos imperios, el húngaro y el otomano. Los húngaros, ayudados por la nobleza valaca, mataron a golpes al padre de Vlad y pusieron en su lugar a su propio gobernante. Los turcos otomanos, sin embargo, reaccionaron colocando nuevamente en el poder a un príncipe afín. Vlad y su hermano Radu habían pasado la adolescencia como rehenes de los turcos, que querían obligar a su padre a rendirles sumisión y tributo. No era un simple prisionero, pues fue educado y tratado como un aliado, como alguien que debía formar parte del Imperio otomano. Fue Vlad el elegido por los otomanos para restablecer el orden en Valaquia. Sin embargo, la zona era un auténtico polvorín y en apenas dos meses fue expulsado del trono. Abandonado por los turcos, que preparaban el asalto a Constantinopla, a Vlad no se le ocurrió mejor alternativa que aliarse con los húngaros para recuperar Valaquia. La venganza no se haría esperar. De entrada, acabó con los boyardos (la nobleza local que había depuesto a su padre) de la manera más sanguinaria posible: el empalamiento. Lo hizo de una forma bastante creativa, celebrando un gran banquete en su honor para reunirlos a todos y capturarlos por sorpresa. Empaló a los más mayores y sometió a durísimos trabajos forzados a los jóvenes. Aquí nació la fama que le acompañará hasta nuestros días y por la que será conocido como Vlad Tepes, el Empalador.

Su gusto por la tortura y la muerte no había hecho más que empezar. En sus escasos siete años de reinado se calcula que hizo matar a entre sesenta mil y cien mil personas. Una barbaridad, incluso en el contexto de una época como aquella. Dentro de un territorio en guerra constante debido a su carácter fronterizo, a Vlad no se le acababan los enemigos, tanto dentro de Valaquia como fuera con los turcos, a los que se negó a pagar tributo. El empalamiento se convirtió en su método favorito, especialmente por su efecto disuasorio. Una de las leyendas más macabras y conocidas es la que cuenta que creó un bosque entero de empalados con veinte mil soldados turcos capturados.

Su aspecto era inquietante: corpulento, con ojos saltones y penetrantes, nariz aguileña, bigote, pómulos marcados y larga melena. Si Vlad te invitaba a un banquete, mal asunto, pues repitió la estrategia empleada con los boyardos en más de una ocasión. Según otra de las leyendas que se fueron divulgando en aquellos mismos años, al príncipe de Valaquia le gustaba beberse la sangre de sus enemigos como si fuera vino. Estas leyendas se extenderán por toda Europa central de la mano de los monjes alemanes que huían de Vlad. Serán, como toda leyenda, deformadas y retorcidas hasta que se desdibujen los límites entre realidad y exageración. En 1462 cayó derrotado por los turcos. Cuando, doce años después, intentó nuevamente acceder al trono, fue capturado. Su cabeza fue llevada a Estambul para tranquilidad del sultán Mehmet II, quien se había criado con el propio Vlad cuando este era rehén.

La comida en Valaquia

¿Cómo era la comida en la Rumanía del siglo xv? ¿Qué platos pudieron servirse en esos banquetes que acababan con un baño de sangre? Por su situación estratégica, Valaquia y el resto de Rumanía fueron sitio de paso para multitud de comerciantes, tanto occidentales como orientales. De hecho, fue el control de esas rutas comerciales lo que desencadenó muchas de las guerras civiles que tuvieron lugar en la zona. Las especias, tan valiosas como el oro, debieron de tener en Valaquia una de sus primeras paradas antes de adentrarse en el mercado europeo. La alimentación en la época de Vlad Tepes no sería muy diferente de la del resto de Europa. Las carnes de caza (ciervos, jabalíes, aves y osos) eran el alimento principal y preferido de las élites, bien acompañadas de salsas especiadas. Se cultivó trigo, avena y cebada, se produjo vino y se criaron animales domésticos como cerdos, vacas, gallinas, ovejas o caballos. El pan, los pescados, las verduras (principalmente la col) y los derivados de la leche no podían faltar en las mesas de ricos y pobres.

La cocina rumana actual es una mezcla de su propia tradición y de las muchas influencias recibidas: húngara, griega, turca, ucraniana... Gustan mucho los quesos, los panes dulces y salados, las sopas (de callos, de verduras, de albóndigas), las verduras (ensalada de berenjena, rollos de col, calabaza asada) y, por supuesto, la carne (codillo de cerdo, estofado de ternera, pollo en salsa blanca, pastel de cordero). Entre los postres destacan el cozonac, la baklava, el dónut rumano, el savarín o babá relleno, el pastel de manzana y diferentes preparaciones con chocolate. La miel se usa mucho para endulzar o acompañar postres.

El tercer hombre

Hemos hablado de Coppola y de Vlad el Empalador, pero nos falta un tercer nombre para completar la historia: Bram Stoker. El escritor irlandés publicó en 1897 *Drácula*, una novela de terror basada en las leyendas que aún seguían circulando por Rumanía y buena parte de Europa y que ya habían sido recogidas por otros escritores. Eran historias sobre vampiros que se alimentaban de la sangre de los vivos y que, a su vez, se basaban en las crónicas y leyendas creadas en la época de Vlad el Empalador.

Stoker creó el fascinante personaje del conde Drácula, así como el de su antagonista, el profesor Van Helsing, y los de Jonathan y Mina Harker, la pareja de enamorados que hace frente al maligno. Hay dos métodos para acabar con Drácula. El primero es cortarle la cabeza. El segundo, a estas alturas del capítulo, no nos debería extrañar: atravesar su corazón con una estaca. Menos aparatoso que un empalamiento, pero de concepto muy parecido.

En el cine

A pesar de la inmensa cantidad de películas que se han hecho sobre Drácula y los vampiros, no resulta difícil elegir cuáles han sido las mejores. *Nosferatu*, dirigida por Friedrich Wilhelm Murnau en 1922, es una de las grandes obras del expresionismo alemán. Un estilo que le iba como anillo al dedo a nuestro personaje y, por extensión, a todo el género de terror.

Casi diez años después, en 1931, otro gran director como el estadounidense Tod Browning sentó las bases del personaje que ha llegado hasta hoy en día en *Drácula* (*Dracula*), con un impresionante Bela Lugosi.

Hay que volver a Europa para encontrar la tercera gran versión y, seguramente, la más célebre. Otro genial director, el británico Terence Fisher, daba forma definitiva al mito en su aclamada *Drácula* (*Dracula*) de 1958, para la productora Hammer. Si Lugosi había sido fagocitado por el personaje hasta el punto de identificarse uno con otro, lo de Christopher Lee podría considerarse de auténtica proeza. Su Drácula haría olvidar al de Lugosi, se convirtió en el nuevo paradigma e incorporó una faceta antes no explorada: chupar sangre equivalía a tener sexo. Fisher no solo disfrutó de Lee como protagonista, también tuvo a sus órdenes al mejor Van Helsing, encarnado por Peter Cushing. Las dos secuelas que hubo son, como la obra entera de Fisher, absolutamente recomendables.

De Hammer también podemos destacar *Kung Fu contra los 7 vampiros de oro* (*The Legend of the 7 Golden Vampires*), una mezcla de vampiros, artes marciales, terror, aventuras y romance. ¡Otra gozada! La dirigió Roy Ward Baker en 1974.

Las mejores recetas de la historia

VARZÂ À LA CLUJ

Este curioso plato se parece a una lasaña o a una musaca, pero tiene su propia personalidad gracias a la presencia de la col en vinagre. Es un plato tradicional rumano, muy popular en Transilvania, la región donde Bram Stoker situó a su conde Drácula.

Aunque no lo parezca, realmente es una receta muy sencilla de hacer, simplemente hay que tener en cuenta que necesitamos dejar la col 15 días en vinagre. Esta versión es una adaptación de la receta de la cocinera y bloguera rumana Laura Laurentiu.

Preparación

Preparamos la col en vinagre. Cortamos la col en juliana y la echamos en un cazo con agua con sal hirviendo. La dejamos cocinar un par de minutos, la escurrimos y la ponemos en un bol con agua fría con hielo para cortar la cocción. A continuación, escurrimos el agua y envasamos la col en un par de tarros herméticos esterilizados. En otro cazo echamos 500 ml de agua, 500 ml de vinagre, la pimienta, el laurel y la rama de romero. Dejamos hervir durante 5 minutos. Pasado ese tiempo vertemos esta mezcla en los tarros con la col. Cerramos y, una vez que estén fríos, conservamos en la nevera durante 15 días.

Pasados los 15 días ya podemos utilizar la col para este plato. En una olla al fuego echamos 3 cucharadas de aceite de oliva virgen extra y cocinamos la col, que previamente habremos lavado y escurrido varias veces. Cocinamos mientras vamos removiendo durante 20 minutos. Reservamos.

---

4 personas
50 min
reposo
horneado

Ingredientes

- 500 g de col en vinagre
- 600 g de carne picada de cerdo (500 g de carne + 100 g de panceta ibérica)
- 100 g de arroz cocido
- 25 g de panceta ibérica curada
- 1 cebolla grande
- 1 cdta. de pimentón dulce
- 1 cdta. de comino en polvo
- 200 g de nata fresca
- aceite de oliva
- pimienta negra
- sal

PARA LA COL EN VINAGRE

- ½ col
- 500 ml de agua
- 500 ml de vinagre de vino blanco
- 12 granos de pimienta negra
- 1 hoja de laurel
- 1 rama de romero fresco
- sal

Para la capa de arroz es tan sencillo como cocer el arroz en abundante agua con sal el tiempo que indique el fabricante. Escurrimos y reservamos.

Preparamos la carne. En una sartén ponemos 4 cucharadas de aceite de oliva virgen extra. Echamos la cebolla muy picada, una pizca de sal y dejamos sofreír a fuego medio hasta que la cebolla esté ligeramente dorada. A continuación, añadimos la carne picada previamente salpimentada. Vamos removiendo para mezclar perfectamente la carne con la cebolla, hemos de ir picando la carne para que nos quede suelta. Cuando la carne esté cocinada, agregamos el pimentón y el comino molido. Mezclamos bien, cocinamos un par de minutos y reservamos.

Montamos el plato. En una bandeja de horno echamos un tercio de la col, la extendemos bien por toda la superficie y aplastamos. A continuación ponemos todo el arroz, también extendiéndolo por toda la superficie y aplastándolo. Seguimos echando la mitad de la carne de igual manera, extendiéndola y aplastándola. Empezamos nuevamente con otra capa de col, el segundo tercio. A continuación, el resto de la carne. Cubrimos con la panceta ibérica curada. Acabamos con la última parte de col. Finalmente, cubrimos toda la superficie con nata fresca.

Precalentamos el horno a 190 °C. Horneamos nuestra *varzâ à la cluj* durante 25-30 minutos, de esta manera se calentará. Transcurrido este tiempo, ponemos el horno en la función *grill* y gratinamos durante 5-10 minutos o hasta que esté dorado.

Las mejores recetas de la historia

SIGLO XV

Cristóbal Colón

América, América

El descubrimiento de América convirtió a Cristóbal Colón en el navegante más famoso de todos los tiempos. Aunque no fuera el primero en llegar, sí fue el primero que inició un proceso colonizador que cambió, para siempre, la historia del mundo.

Su intención era llegar a Asia por la única vía libre que quedaba, pues los otomanos controlaban el Mediterráneo y los portugueses, el paso por el cabo de Buena Esperanza africano. Que la Tierra era redonda no era ningún misterio en aquella época, pero aún no estaba demostrado y mucha gente todavía pensaba lo contrario. Sin embargo, lo verdaderamente arriesgado era aventurarse a través del océano Atlántico sin saber a qué distancia estaba la otra punta del mundo.

Como si de hacer una película se tratara, Colón fue buscando financiación para su viaje durante años. Finalmente convenció a los Reyes Católicos (Isabel y Fernando) y a varios inversores privados para sufragar su aventura. Las especias y el oro eran el gran objetivo, pero Colón y sus marineros se encontraron con un vasto e inmenso territorio, inexplorado por los europeos, con sus diversas culturas y habitantes autóctonos.

La travesía duró más de dos meses desde la salida del puerto de Palos de la Frontera, con parada en las islas Canarias para avituallarse. Una vez en alta mar, se alimentaron a base de legumbres, carnes y pescados en salazón, pan duro, queso, arroz y vino, mucho vino, una bebida fundamental para sobrevivir en los durísimos viajes por mar. Además, fue una de las pocas cosas traídas por los foráneos que gustó a los indígenas.

La historia del mundo está llena de guerras, conquistas, invasiones, ataques, esclavitud, sometimiento, injusticias... América no se iba a librar de todo eso. Los españoles, como luego los portugueses, ingleses, holandeses o franceses, entraron en el Nuevo Mundo como un elefante en una cacharrería, poniéndolo todo patas arriba. Incluso dentro del propio continente los nativos tenían su propia historia de sangrientas disputas antes de la llegada de los europeos.

La madre de todos los cocidos

En la España de la época era muy apreciado entre las clases altas un guiso a fuego lento cuyo ingrediente principal era la carne de cerdo. También se le ponían garbanzos, verduras y otro tipo de carnes: ternera, gallina, codornices, paloma, liebre, faisán... ¡Un festival en un solo plato! Su nombre es «olla podrida» y, como muchos ya imaginarán, es la madre de todos los cocidos. Colón, a buen seguro, debió de comerlo cuando pisaba tierra firme.

Hay dos versiones para explicar el origen de este curioso nombre. Una, que se llama así por ser un guiso que se cuece muy despacio, hasta deshacerse. Otra, porque supuestamente viene de «poderida», es decir, «poderosa». Era un plato de ingredientes poderosos para gente poderosa. Luego, curiosamente, el cocido se convertirá en una de las comidas más populares y alimentará a todo tipo de clases.

La olla podrida es anterior al descubrimiento de América. Se cree que su origen está en la adafina judía, un guiso a fuego lento al que los judíos españoles añadían carne de cerdo para demostrar su conversión al cristianismo. Muchos de los ingredientes que hoy componen el cocido son de origen americano. El pimiento y la patata, por ejemplo, no existían en Europa en el siglo xv, fueron dos de los muchos productos que llegaron de América. Sirva este pequeño apunte para reflexionar sobre la historia y evolución de los alimentos. Como conclusión, veremos que eso de conservar y respetar las llamadas recetas «de toda la vida» depende del punto de la historia en el que te quieras quedar.

La llegada a América

Colón llegó a América el 12 de octubre de 1492 a bordo de la nave *Santa María* y dos carabelas: la *Niña* y la *Pinta*. Este marino genovés, aventurero, de agrio carácter y enorme ambición, provocó con su gesta un choque de culturas como nunca antes se había visto. Dos mundos habían evolucionado en el tiempo sin conocer absolutamente nada el uno del otro.

Los Reyes Católicos, que ya habían culminado la Reconquista ante los musulmanes, recibieron las buenas noticias de estancia en Barcelona. El propio Colón se entrevistó con ellos siete meses después de su partida, tras vivir una auténtica odisea en el viaje de regreso.

Por fin se disponía de ruta propia para llegar a las Indias. De paso, se apropiaron de nuevos territorios y descubrieron todo un catálogo de nuevos productos: la patata, el tomate, el pimiento, el cacao, el maíz, la piña o la vainilla pasarán poco a poco a convertirse en indispensables en toda Europa. Los españoles, por su parte, llevaron a América animales como el caballo, la vaca, el cerdo o la gallina, frutas como la naranja o el limón y alimentos básicos como el arroz o la caña de azúcar. También llevaron, de forma involuntaria, unas cuantas enfermedades que exterminaron a gran parte de la población indígena. La viruela mató a más nativos que cualquier arma creada por el hombre.

Colón volvió a América una segunda y una tercera vez y exploró las islas del Caribe, Centroamérica y parte de lo que hoy es Venezuela. El tercer viaje acabó bruscamente. Acusado de corrupción y crueldad con los nativos, fue detenido y desposeído de sus cargos por orden de la reina Isabel. Todos los personajes históricos tienen su lado oscuro, y Colón no iba a ser una excepción. Regresó a España encadenado, aunque finalmente fue puesto en libertad. Ya nada sería igual y su nombre quedaría relegado al ostracismo durante siglos. Hizo un cuarto viaje y murió en Valladolid el 20 de mayo de 1506 sin saber a ciencia cierta si llegó a Asia o descubrió un nuevo continente. Solo un año después ese continente recibirá el nombre de América, en honor de otro ilustre navegante, amigo de Colón: Américo Vespucio.

En el cine

Hay dos producciones que pretendieron ser la película definitiva sobre la llegada de Colón a América, pero lo cierto es que ninguna de las dos lo consiguió. *Alba de América* (1951), de Juan de Orduña, era un *remake* sin mayor valor de *Christopher Columbus*, producción inglesa de dos años antes. Y *1492: La conquista del paraíso* (*1492: The Conquest of Paradise*, 1992) es la película más aburrida de Ridley Scott, el autor de obras tan influyentes como *Alien, el octavo pasajero* o *Blade Runner*.

Conquistadores. Adventvm es una miniserie española que, pese a su falta de medios, resulta mucho más interesante que las anteriores. La dirigió el documentalista Israel del Santo en 2017.

Apocalypto (2006), de Mel Gibson, se sitúa poco después de la llegada de Colón y toma como protagonista a un cazador de una pacífica tribu maya cuyo pueblo es salvajemente atacado por esclavistas de otra tribu. Tras recrearse en una depravada ciudad ficticia entregada a sus dioses, la película acaba siendo una especie de *Rambo*. Muy entretenida, aunque irregular en su conjunto.

Hay que viajar más al norte y situarse un siglo después para encontrar la producción más fascinante sobre la colonización de América. En *El nuevo mundo* (*The New World*, 2005) Terrence Malick narra de forma increíblemente realista la llegada del explorador inglés John Smith a Norteamérica en 1607 y su relación con la india Pocahontas. Una obra muy particular, con el estilo siempre sorprendente de Malick.

OLLA PODRIDA

 4-6 personas

🕐 120 min

Ingredientes

- 300 g de garbanzos secos
- 150 g de arroz
- 250 g de carne de ternera
- 250 g de carne de cerdo (magra, lomo)
- 1 pie de cerdo
- 100 g de panceta salada ibérica
- 2 muslos de pollo
- 2 codornices
- 1 morcilla
- 1 zanahoria
- 1 nabo
- 1 cebolla
- 2 dientes de ajo
- 1 rama de perejil
- 1 rama de apio
- 2-3 l de agua
- sal

La olla podrida no tenía, obviamente, una receta fija, pues había mil variantes. Nosotros haremos una recreación anterior al descubrimiento de América, es decir, sin ningún ingrediente de procedencia americana. Si sobra carne, no hay nada mejor que utilizarla para hacer croquetas.

No se debe confundir esta olla podrida con el plato del mismo nombre típico de Burgos. La de Burgos no es más que una variante de los muchos guisos y cocidos que vienen de la primera olla podrida.

Preparación

La noche anterior echamos los garbanzos en un bol y cubrimos con abundante agua. A la mañana siguiente desechamos el agua y los metemos dentro de una red para legumbres.

Introducimos todas las carnes en una olla exprés, excepto la morcilla. Procuramos poner las aves sin piel. A continuación, colocamos los garbanzos y las verduras peladas: una zanahoria, un nabo, un par de dientes de ajo y una cebolla. Añadimos una rama de perejil fresco y una rama de apio que hemos lavado previamente. Cubrimos totalmente con agua. Cerramos la olla exprés y seleccionamos la opción 2, dejamos cocinar durante 1 hora 30 minutos a partir de que salga el pitorro. En olla normal debéis dejar que se cocine a fuego medio-bajo durante 3 horas 30 minutos.

En un cazo echamos agua y metemos la morcilla para desgrasarla. Para ello la cocinaremos a fuego lento durante 25 minutos. Una vez que la morcilla ya se ha desgrasado, la sacamos del agua y la dejamos escurrir sobre papel de cocina.

Pasado el tiempo de cocción de la olla podrida, sacamos la presión e incorporamos la morcilla. Aprovechamos para probar y rectificar de sal si fuera necesario. Dejamos cocinar 15 minutos.

Colamos un poco del caldo de la olla para hacer una sopa de arroz. Echamos 150 g de arroz redondo y cocemos durante 10-15 minutos, dependiendo del tipo de arroz.

Para emplatar, sacamos todos los ingredientes de la olla desechando el perejil y el apio. En la época colocaban todas las carnes en el fondo de la bandeja, a continuación colocaban los garbanzos y, por último, las verduras. Se puede comer en dos o tres vuelcos. Es decir, primero se sirve la sopa con los garbanzos, luego las verduras y acabamos con las carnes.

Descubre más

CROQUETAS DE OLLA PODRIDA

👤 **4 personas**

🕐 60 min

💤 reposo

Ingredientes

· restos de carne de la olla podrida: ternera, carne magra, codornices, muslos de pollo, panceta
· 40 g de harina de trigo
· 40 g de mantequilla
· 600 ml de leche entera
· pimienta negra
· nuez moscada
· sal

PARA EL REBOZADO

· 1-2 huevos
· pan rallado
· aceite de oliva

Si haces olla podrida o cualquier cocido, es muy probable que te sobre carne. En ese caso, la mejor receta de aprovechamiento que puede existir es la de las croquetas.

Hacer croquetas es muy fácil, lo único que debemos tener en cuenta es que no podemos acabar de prepararlas hasta el día siguiente. Por ello, siempre es recomendable hacer croquetas de más y congelarlas, para así tener croquetas a punto cuando nos venga el antojo.

Preparación

Limpiamos bien los restos de carne de huesos, grasa y tendones a la par que la vamos desmigando. Si vemos que nos quedan trozos muy grandes, podemos picarla un poco a cuchillo. Reservamos.

Ponemos una sartén a fuego medio-bajo y echamos la mantequilla; cuando se derrita echamos la harina, removemos y cocinamos 5 minutos. Mientras tanto, hemos puesto la leche a calentar, de esta manera evitaremos que salgan grumos.

Vertemos la leche poco a poco sin dejar de remover con unas varillas. Ponemos a fuego medio y salpimentamos al gusto, añadimos también nuez moscada al gusto. Removemos hasta que la bechamel empiece a espesar. Incorporamos la carne y removemos hasta que la bechamel se despegue de las paredes. Echamos en una fuente o táper grande y tapamos a ras con film transparente. Dejamos enfriar a temperatura ambiente y posteriormente reservamos en la nevera hasta el día siguiente.

Batimos 1 o 2 huevos en un bol y en otro ponemos pan rallado. Formamos con las manos las croquetas, las pasamos por el huevo batido y el pan rallado. Freímos en un cazo en abundante aceite de oliva virgen extra. Las dejamos escurrir sobre papel de cocina.

Las mejores recetas de la historia

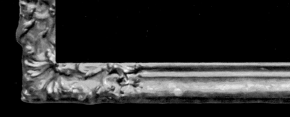
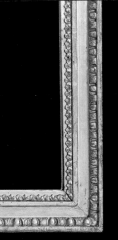

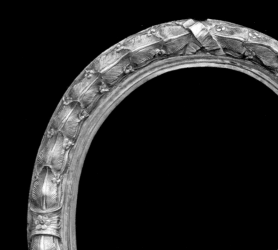

SIGLO XVI

Moctezuma y Hernán Cortés

El cerdo llega al pozole

Moctezuma Xocoyotzin fue el noveno emperador del Imperio azteca, una gran alianza que dominó durante casi cien años sobre más de veinte millones de personas. La llegada en 1519 de Hernán Cortes y sus tropas a las costas mexicanas supuso el principio del fin para los aztecas. Moctezuma, quien creyó que Cortés era un dios, acogió a los españoles en uno de sus palacios, donde los colmó de atenciones. Allí fue hecho prisionero por Cortés y convivieron durante siete largos e intensos meses, hasta que los mexicas se rebelaron. Cuando Cortés tuvo que salir para detener el avance de Pánfilo Narváez, quedó al mando su primer capitán, Pedro de Alvarado. Este ordenó la matanza del Templo Mayor, lo que provocó la rebelión de los mexicas. El regreso de Cortés no mejoró la situación. Moctezuma murió apedreado por sus propios súbditos y los españoles huyeron en la llamada Noche Triste. Un año después, aliándose con otros pueblos rivales como tlaxcaltecas y totonacas, Cortés conquistó Tenochtitlán y puso fin al dominio azteca.

Vamos a imaginarnos que estamos en Tenochtitlán, en el momento histórico en que Hernán Cortés y Moctezuma comparten techo y mesa.

¿De qué se alimentarían Moctezuma y Cortés durante esos meses en los que convivieron?

El principal ingrediente para los aztecas era el maíz, presente en casi todo tipo de elaboraciones. También fueron importantes los chiles, el cacao, los frijoles, las setas, la calabaza, los tomates, la chía, el tabaco, la miel, el aguacate o el boniato.

La dieta era principalmente vegetariana, pero también incluía animales como pavos, patos, conejos, iguanas, roedores, peces de río, camarones, ranas, serpientes, insectos y larvas.

Platos típicos que aún hoy en día se preparan y que pudieron servirse en aquella época son el atole (una bebida, cómo no, de maíz), los tamales al vapor, las tortillas de maíz que mojaban en salsa de chile y que son el origen de los tacos, o guisos de carne como el pozole.

Los mexicas tenían una alimentación muy equilibrada y abundante, con sus lógicas diferencias entre clases. Eran un pueblo guerrero y conquistador que llegó a construir una ciudad tan increíble como Tenochtitlán, habitada por trescientas mil almas.

El pozole azteca

El pozole era un plato de celebración exclusivo para las élites: sacerdotes, nobles y emperador. Se hacía con carne de roedor, de perro y, muy especialmente, con carne humana procedente de sacrificios rituales. Hoy en día la carne principal usada en el pozole mexicano es la de cerdo. Este animal fue introducido en América por los españoles. Hernán Cortés llevó en sus barcos miles de piezas que fueron básicas en la dieta de sus hombres, incluso cerdos vivos que se adaptaron al medio sin dificultades. Una vez que quemó sus naves, a buen seguro que se llevó el alimento consigo. Por tanto, no es ningún disparate pensar que llegó a Tenochtitlán con algunas piezas y que los primeros pozoles con carne de cerdo se sirvieran para él. ¿Le gustaría a Moctezuma el cambio de carne? Dicen que la carne que más se asemeja en sabor a la humana es la de cerdo.

Hay muchas recetas de pozole, seguramente el más parecido al que hacían los aztecas es el pozole rojo de Jalisco. Para una receta básica necesitaríamos, por ejemplo, 700 g de cabeza de lomo o carne magra, 300 g de costilla y una cabeza de cerdo. Imprescindible disponer de maíz blanco especial para pozole. Suele comercializarse ya preparado y precocido, lo que nos ahorra todo el proceso de nixtamalización que debían hacer los aztecas y que aún hoy se hace en algunas casas mexicanas. La proporción de maíz ha de ser igual o parecida a la de carne.

La receta es muy sencilla. Echamos el maíz a la olla junto con la carne. Cubrimos de agua y salamos. Dejamos cocinar a fuego bajo durante 2 horas, básicamente hasta que el maíz esté tierno. Mientras tenemos el guiso en marcha debemos preparar la salsa que convertirá nuestro pozole blanco en un pozole rojo. Se prepara dejando hervir durante 5 minutos cuatro tipos de chiles: 1 ancho, 2 guajillos, 3 de árbol y 2 chiles piquín. A esta salsa se le añade cebolla y ajo, productos ambos traídos por los españoles.

Trituramos los chiles fríos y limpios de pepitas en un molcajete junto con unas cucharadas de la misma agua donde los hemos hervido. Nos ha de quedar una salsa espesa. ¿Qué es un molcajete? Es todo un símbolo de la cocina mexicana y se utiliza desde épocas prehispánicas para moler el maíz. Está hecho de piedra volcánica y sus tres patas simbolizan las tres generaciones de una familia: abuela, hija y nieta. La piedra para moler se llama tejolote. En el molcajete se hace el mejor guacamole, la textura que se consigue es inigualable.

Cuando el guiso está listo, sacamos la carne y la deshilachamos. Devolvemos la carne a la olla e incorporamos varias cucharadas de salsa de chile, dependerá del sabor, color y punto de picante que queramos darle. Dejamos cocinar 10 minutos a fuego medio-alto.

El pozole se suele presentar con cebolla, rábano, lechuga y lima, todos ingredientes venidos de fuera que le van muy bien al plato. También podemos añadir aguacate. Y algunas variantes se acompañan, además, con tortillas y nata agria.

El chocolate

El cacao era un ingrediente muy valorado, y en una economía de trueque como la azteca era usado como moneda. No se puede hablar de los aztecas sin mencionar el chocolate que hacían con cacao y harina de maíz. Moctezuma consumía chocolate compulsivamente a diario. Fue el propio Hernán Cortés quien introdujo el azúcar en México, y este ingrediente se incorporó enseguida a la receta del chocolate.

Otro ingrediente importante introducido por Cortés (y que anteriormente ya había llevado a América el mismísimo Cristóbal Colón) fue el aceite de oliva. Durante el Imperio azteca no se cocinaba con grasa, ni vegetal ni animal.

La conquista de México fue una aventura tan increíble como épica, como también lo sería la conquista de Perú a cargo de Francisco Pizarro. Y de igual modo lo fue la historia de los conquistadores españoles en América: Cabeza de Vaca, Núñez de Balboa, Ponce de León, Pedro de Valdivia o Diego de Almagro. Lucharon contra los indígenas, contra la naturaleza del nuevo continente y entre sí. Fueron otros tiempos, no cabe duda, tiempos duros y salvajes que han moldeado el mundo hasta lo que es hoy. América, en este sentido, no iba a ser un continente diferente al resto.

En el cine

La larga lucha contra los musulmanes y la conquista de América eran temas lo suficientemente potentes como para haber originado dos géneros cinematográficos al estilo del *western* o el cine negro americano. Pero en la edad dorada del cine español se optó por otros temas históricos más glamurosos o por abusar de la comedia. Durante esa edad dorada de los años cincuenta y sesenta, cuando España consiguió una industria cinematográfica sólida, apenas se miró de reojo a estas dos épocas tan apasionantes.

Uno de los pocos ejemplos de lo que pudo ser y no fue es *Los conquistadores del Pacífico* (1963), que narra el descubrimiento del mar del Sur (futuro océano Pacífico) por parte de Vasco Núñez de Balboa. José María Elorrieta dirigió con bastante acierto esta mezcla entre cine de aventuras y *western* con Frank Lantimore como protagonista. Jesús Puente encarnó a Francisco Pizarro.

Sobre Hernán Cortés y la conquista de México, tenemos la serie de televisión *Hernán* (2019), con Óscar Jaenada en el papel del conquistador extremeño. Es el actor quien salva toda la serie, original en su planteamiento, pero cuya excesiva ambición queda lastrada por la evidente falta de medios. *Lancelot du Lac*, de Robert Bresson, debería ser un ejemplo que seguir en este sentido.

La otra conquista es una producción mexicana de 1998 que se sitúa justo después de la conquista de Tenochtitlán, con Hernán Cortés gobernando en la Nueva España junto a Marina la Malinche. La otra conquista a la que se refiere el título es la religiosa. Fue dirigida por Salvador Carrasco.

Pero de todos los conquistadores españoles, ninguno ha sido más atractivo para el cine que Lope de Aguirre. En él se centra la mejor película jamás hecha sobre la conquista de América, la producción alemana *Aguirre, la cólera de Dios* (*Aguirre der Zorn Gottes*, 1972), de Werner Herzog, con Klaus Kinski en el papel protagonista. El mismo personaje fue encarnado por Omero Antonutti en *El Dorado* (1988), de Carlos Saura. Dos películas diferentes, la primera bastante mejor que la segunda, pero ambas imprescindibles.

TACOS DE CARNITAS

Los tacos de carnitas son un ejemplo perfecto de la fusión entre la cocina prehispánica y los nuevos productos llegados de Europa. Las carnitas son un guiso de carne de cerdo cocinada a fuego lento, lo que hace que quede tierna y jugosa. La diferencia más sustancial respecto a cualquier guiso o cocido español es que se cocina con cítricos y chiles, lo que le aporta un sabor muy particular.

Es un plato típico de la cocina mexicana que suele comerse en tacos. Para la ocasión, vamos a adaptar una receta del cocinero mexicano Enrique Olvera, chef del afamado restaurante Pujol de Ciudad de México.

4 personas
130 min

Ingredientes

PARA LAS CARNITAS

- 800 g de espalda de cerdo
- 1 cebolla grande
- 4 dientes de ajo
- 1 l de caldo de pollo o hasta cubrir
- 150 ml de leche entera
- 160 ml de zumo de naranja
- 50 ml de zumo de limón
- 30 g de rodajas de jalapeños en escabeche
- 1 chile jalapeño desvenado*
- 1 cdta. de ralladura de naranja
- 3 cdas. soperas de aceite de oliva
- sal

Preparación

Salamos la carne. Vertemos aceite en una cacerola y doramos la carne por todos los lados. La retiramos y reservamos.

En el mismo aceite echamos los ajos y la cebolla bien picados. Añadimos una pizca de sal y sofreímos hasta que empiecen a dorarse. Una vez que estén dorados, incorporamos el resto de los ingredientes para hacer las carnitas junto con la carne que teníamos reservada. Llevamos a ebullición y dejamos cocinando durante 2 horas 30 minutos a fuego lento con la olla tapada.

Preparamos la salsa. En una sartén sin nada de aceite ponemos a tostar los tomatillos, los ajos y el chile jalapeño. Vamos dándole la

---

* Desvenar el chile es tan sencillo como hacerle un corte en cruz y vaciar con una cucharilla las pepitas y las venas.

PARA LA SALSA

· 6 tomatillos
· 3 dientes de ajo
· ½ chile jalapeño desvenado
· 3 cdas. de zumo de limón
· sal

PARA LOS TACOS

· tortillas de maíz
· rábanos
· cebolla morada
· aguacate
· cilantro fresco
· rodajas de lima

vuelta hasta que veamos que han cogido un color tostado, sin que llegue a quemarse. Echamos todo en un procesador junto con el resto de los ingredientes de la salsa y trituramos. Reservamos hasta la hora de servir.

Una vez pasado el tiempo de cocción de las carnitas, pinchamos con un cuchillo para comprobar que la carne esté tierna. Sacamos la carne del caldo de cocción y la desmigamos con ayuda de dos tenedores, aprovechando para quitarle la grasa. Vamos poniendo la carne en una bandeja y le añadimos un poco de caldo del cocinado para que no se seque.

Preparamos los tacos. Pasamos las tortillas por la sartén 15-20 segundos por ambas caras y las vamos dejando envueltas en un trapo de cocina limpio. Llenamos cada tortilla con una cantidad generosa de carnitas. A continuación, decoramos con unas láminas de rábano, cebolla morada en juliana, un trozo de aguacate, salsa tomatillo, cilantro fresco y una rodaja de lima que exprimirá cada comensal justo antes de comer.

Descubre más

Las mejores recetas de la historia

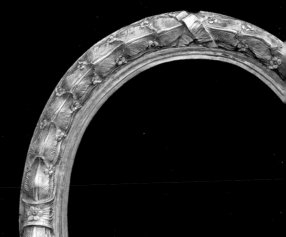

SIGLO XVI

Solimán
el Magnífico

El sultán que amó, guerreó
y comió apasionadamente

1453 es uno de los años más significativos en la historia de la humanidad. Tras la caída del Imperio romano de Occidente en el 476, el Imperio bizantino o de Oriente se había convertido en el último y genuino heredero del glorioso Imperio romano. De población mayoritariamente griega, su capital, Constantinopla, era la gran referencia cultural en Europa y el mayor objeto de deseo de sus muchos enemigos. Los últimos dos siglos del imperio estarían marcados por su triste decadencia. Las frecuentes guerras internas, el cruel saqueo de los cruzados y los ataques constantes de los turcos llevaron a la ciudad más avanzada del mundo al colapso.

Nunca sus murallas fueron derribadas hasta que el sultán otomano Mehmed II, obsesionado con la conquista de la ciudad, las derribó con los cañones más devastadores jamás construidos. El 29 de mayo de 1453, tras dos meses de asedio, los turcos entraron en Constantinopla y acabaron con lo poco que quedaba del Imperio romano de Oriente. La contienda, a pesar de la resistencia, era del todo desigual. El emperador bizantino Constantino XI había sido abandonado a su suerte por la Europa occidental y sus apenas cinco mil efectivos poco podían hacer ante los cien mil soldados que Mehmed II había llevado hasta las puertas de la ciudad.

Constantinopla pasó a llamarse Estambul y el mundo cambió, nuevamente, para siempre. La Edad Media había llegado a su fin, comenzaba la Edad Moderna.

Solimán el legislador

El Imperio otomano llegó a su máximo apogeo de la mano de Solimán I, quien llegó al poder el 30 de septiembre de 1520, tras la muerte de su padre Selim I el Cruel. Solimán tenía veintiséis años y Constantinopla hacía casi setenta que era turca. Desde entonces, la ya llamada Estambul había recuperado todo su brillo. Si Selim había conquistado Egipto y Siria para los otomanos, su hijo no se iba a quedar atrás. Persia, Mesopotamia, el poderoso reino de Hungría, el golfo Pérsico, la isla de Rodas y buena parte del norte de África iban a sufrir el poder y dominio del más magnífico de los sultanes. Incluso llegó a las puertas de Viena en dos ocasiones, aunque ambas sin éxito, en lo que hubiera sido un golpe de enorme transcendencia.

Sus éxitos militares y formidables riquezas le valieron en Europa el sobrenombre del Magnífico, mientras que para los turcos fue Solimán el Legislador, debido a las profundas reformas que impulsó y que propiciaron una convivencia más justa y segura. Fue un hombre inteligente y culto. Tenía fama de tolerante (especialmente en el terreno religioso), aunque no le temblara el pulso a la hora de ejecutar a su amigo el gran visir Ibrahim o a su primogénito Mustafá. Los tiempos seguían siendo duros y crueles, ya fuera en Europa, América o Asia, o ya fuera el sultán poeta. En cualquier caso, fue un gobernante muy querido por su pueblo. No lo fue tanto su concubina favorita y posterior esposa Roxelana, a la que acusaban de malmeter para beneficio propio y de sus hijos. Roxelana, antigua esclava y odalisca en el harén de Selim I, fue raptada de su Ucrania natal por los mongoles y, tras casarse con Solimán, se convirtió en la mujer más poderosa de la historia del Imperio otomano. El sultán la amaba con pasión y, como buen poeta, se dirigía a ella como «Mi luna brillante, mi elixir del paraíso, mi Edén». No tuvo un poder simbólico, ni mucho menos. Tras ella llegaron otras mujeres poderosas que, como regentas, llevaron a sus espaldas las riendas del imperio.

Solimán murió el 7 de septiembre de 1566 a los setenta y un años. El sultán encabezaba personalmente las campañas militares y así lo hizo en su última batalla, cuando sus tropas se dirigieron nuevamente a Hungría para aplacar una sublevación. Solimán ya estaba gravemente enfermo antes de partir hacia Hungría y murió en su tienda antes de acabar el sitio de Szigetvár. Su corazón fue enterrado allí mismo y su cuerpo, llevado de regreso a Estambul, tras hacer durante dos días la pantomima de fingir que aún estaba vivo (a lo Cid Campeador).

El Imperio otomano sobrevivió a Solimán trescientos cincuenta años. La total derrota en la Primera Guerra Mundial, como aliados de Alemania, y la terrible represión contra el pueblo armenio fueron su fin.

La comida del sultán

Si Solimán era el adalid del islam en el mundo, el máximo representante del cristianismo era Carlos I de España y V de Alemania, con quien Solimán mantuvo una pugna sin fin, tanto en Hungría como en el Mediterráneo. Carlos V era nieto de los Reyes Católicos y presumía de gobernar sobre un imperio sobre el que nunca se ponía el sol, con posesiones en toda Europa y buena parte de la recién conquistada América. Pero si por algo destacaba, aparte de por su inmenso imperio, era por su enorme afición a la comida.

Al monarca español le gustaba comer de todo. Entre sus mayores preferencias estaban las carnes especiadas asadas, los guisos, el pescado, las ostras, el vino y la cerveza. Sin embargo, no se sabe tanto de los gustos concretos de su gran rival. Los cocineros del Palacio de Topkapi del siglo XVI no dejaron escrita ninguna receta, únicamente se han encontrado listados de comida, por lo que las recetas que han perdurado hasta hoy son de la última etapa del imperio. Se sabe que a los sultanes otomanos les encantaba comer bien por el auténtico ejército de cocineros que tenían a su servicio. Y también por el especial énfasis que ponían en traer a Estambul los productos más exclusivos que había tanto dentro como fuera de sus fronteras. Solimán amplió las cocinas de palacio hasta contar con cerca de mil personas trabajando en ellas. Las recetas debieron de ser muy elaboradas, con especial atención a los postres, que ya los árabes pusieron en valor mientras en Europa no pasaban de piezas de fruta. Con los turcos, ese gusto por el dulce se potenció aún más. Se perfeccionó la baklava (el postre turco por excelencia) y otras elaboraciones como siropes, sorbetes, halvas, hojaldre, samosas y panes dulces.

Solimán se aficionó al café y lo popularizó definitivamente en todo el imperio. Un siglo más tarde el café fue prohibido por el sultán Murad IV, quien también se encargó de prohibir la boza (bebida de trigo fermentado) por contener alcohol. Hoy, tanto el café como la boza (sin alcohol) son bebidas muy típicas en Turquía. Por supuesto, también el té y el ayram (bebida de yogur). Algunos platos que pudo haber comido Solimán han sido rescatados por el restaurador Batur Durmay, uno de los mayores investigadores de la antigua cocina otomana. En la carta de su restaurante Asitane de Estambul se reproducen multitud de platos de la época que van cambiando según la temporada, tal y como debió de ocurrir en el pasado. Una de las mayores fuentes de información es la fiesta de circuncisión de los hijos de Solimán, en la que se sirvieron una cantidad y variedad de platos mareante. No se trata de las recetas originales, porque nadie dejó constancia de ellas, sino de adaptaciones fruto de un largo trabajo de investigación y experimentación.

Por ejemplo, de entrantes, una sopa de almendras con nuez moscada y granada; unos garbanzos triturados con grosellas, piñones y canela; unas croquetas de hígado de cordero frito, especias, cebolla y melaza de granada; un arroz pilaf con azafrán y garbanzos o unas empanadillas de calabaza y tres tipos de queso. De platos principales, un estofado de pollo o cordero con especias, albaricoques, pasas y almendras; un increíble melón relleno de carne picada, arroz, hierbas, almendras y grosellas; una lubina asada rellena de nueces y especias; unas espinacas con huevos, arroz y yogur de ajo o una pastela de ganso asado. Desde su apertura hace treinta años, el restaurante Asitane ha creado más de doscientas recetas, pero esa cifra es una nimiedad en comparación con la cantidad de platos que debieron de hacerse en los palacios imperiales. La variedad de ingredientes y técnicas empleadas por los cocineros debió de ser abrumadora.

Esta cocina tan elaborada, sofisticada y, a la vez, tan característica de una época, desapareció con la caída del Imperio otomano. Lo otomano pasó a considerarse atrasado, incluida la comida, que abrazó la influencia francesa e italiana. Una percepción que en los últimos veinte años ha ido cambiando. La época de los grandes sultanes vuelve a estar de moda en la actual Turquía y restaurantes como el Asitane han pasado de ser reclamos turísticos a convertirse en referencias históricas.

En el cine

La toma de Constantinopla por parte de los turcos se narra en *Conquista 1453* (*Fetih* 1453, 2012), una superproducción turca dirigida por Faruk Aksoy que se convirtió en la película más taquillera de la historia del país. Curiosa de ver, aunque irregular y excesivamente heroica.

Sobre Solimán el Magnífico no hay mucha filmografía fuera de Turquía, donde incluso hicieron una serie en 2011 de enorme éxito, no estrenada en España. Como curiosidad, tenemos *Solimán el conquistador* (*Solimano il conquistatore*, 1961), una coproducción italiana y yugoslava dirigida por Vatroslav Mimica, en la que se muestra a un Solimán enfermo y caprichoso. Muy floja.

La Primera Guerra Mundial y la caída del Imperio otomano son los temas sobre los que más filmografía de interés encontramos. Mencionaremos tres obras absolutamente recomendables. *La patrulla perdida* (*The Lost Patrol*, 1934) es una de las mejores películas de la primera etapa de John Ford, realizada solo cinco años antes de cambiar la historia del *western* con *La diligencia* (*Stagecoach*).

La producción australiana *Gallipolli*, dirigida por Peter Weir en 1981 y protagonizada por Mel Gibson, nos lleva desde Australia hasta la sangrienta batalla de Galípoli. Justo un año después, Weir volvería a dirigir a Gibson en la excelente *El año que vivimos peligrosamente* (*The Year of Living Dangerously*).

Finalmente, *Lawrence de Arabia* (1962) sigue la vida de Thomas E. Lawrence, el oficial británico enamorado del desierto y la causa árabe que luchó contra los turcos. Una obra monumental dirigida por David Lean y protagonizada por Peter O'Toole, Omar Sharif, Alec Guiness y Anthony Quinn, ¡casi nada!

BAKLAVA

18 raciones

40 min

horneado

Ingredientes
(para un molde de 24 × 34)

· 500 g de masa filo
· 125 g de mantequilla sin sal
· 300 g de pistachos crudos sin cáscara

PARA EL ALMÍBAR

· 250 ml de agua
· 180 g de azúcar
· zumo de ½ limón

La baklava es el postre turco más internacional. Es una receta muy sencilla de hacer, ideal para los más golosos. Su versión en griego es prácticamente igual. Las diferencias entre la baklava turca y la griega son que la turca lleva almíbar en lugar de miel y no lleva especias.

Hay multitud de variantes y versiones. Aquí haremos la más clásica, únicamente rellena de pistachos.

Preparación

Preparamos el almíbar. Es tan sencillo como echar todos los ingredientes en un cazo y llevar a ebullición. Una vez que rompa a hervir, bajamos el fuego a medio-bajo y dejamos cocinar 20 minutos. Apagamos y reservamos hasta el momento de utilizarlo.

Derretimos la mantequilla en el microondas. Lo ideal es cortarla en cubos no muy grandes para facilitar que se derrita por igual.

Cortamos las hojas de masa filo a la medida del molde y tapamos con un trapo limpio. Es importante ir trabajando y tapando la masa, porque se seca muy rápidamente.

Enmantequillamos el fondo del molde y colocamos la primera lámina de masa filo. Volvemos a pintar con mantequilla toda la superficie de la masa. No hace falta echar una gran cantidad de mantequilla, simplemente mojamos el pincel, escurrimos y pintamos toda la superficie. Así hasta haber colocado 20 capas de masa filo.

A continuación echamos los pistachos, que habremos picado sin llegar a convertirlos en polvo. Lo interesante es que haya trozos de diferentes tamaños, pero no muy grandes. Reservamos unos pocos para la decoración final, con 15 g será suficiente.

Seguimos colocando capas de masa filo y pintándolas con mantequilla entre capa y capa. Hemos de colocar 20 capas más. No os preocupéis si tenéis que poner las capas en dos trozos para aprovechar la masa filo.

Pintamos la última capa de masa filo con mantequilla derretida. Cortamos en porciones nuestra baklava, lo ideal es utilizar un cuchillo grande y sin sierra.

Precalentamos el horno a 200 °C, opción arriba-abajo. Horneamos durante 45 minutos. Sacamos del horno, dejamos enfriar 5 minutos y regamos con el almíbar. Decoramos cada rectángulo con los pistachos picados que habíamos reservado.

Dejamos enfriar antes de probar. De un día para otro está mucho más rica.

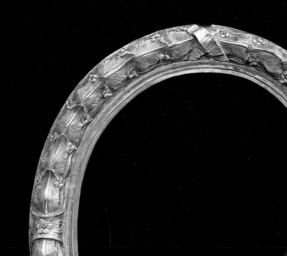

María Estuardo e Isabel Tudor

Dos reinas frente a frente

Si ha existido una época complicada para reinar en Inglaterra, seguramente ha sido la que aquí nos ocupa. Las preocupaciones del siglo XX de la reina Isabel II parecen de auténtica risa comparadas con las que tuvo que vivir su antecesora, Isabel I (sexto y último monarca de la dinastía Tudor). Encarcelada en la Torre de Londres por su hermana, María Tudor, llegó finalmente al poder a los veinticinco años y ya nada podría detenerla, se convirtió en uno de los gobernantes más importantes de la historia de su país. De entrada, recuperó el protestantismo que su famoso padre, Enrique VIII, había instaurado en Inglaterra para casarse con la madre de Isabel, Ana Bolena. Un amor que acabará con la cabeza de Ana Bolena rodando por los suelos. Por amor también, o más bien por interés, María Tudor (hija de Enrique VIII y Catalina de Aragón) se había casado con Felipe II de España (futuro gran rival de Isabel) y devuelto a Inglaterra al catolicismo. La pugna religiosa entre católicos y protestantes será uno de los principales motivos de guerras, conspiraciones e intrigas de la época, tanto dentro de las islas británicas como fuera, ante los enemigos externos: Francia, España o Roma. El protestantismo radical del que hará gala Isabel I será clave para el futuro religioso y territorial de Inglaterra.

Es aquí donde entra en juego la figura de María Estuardo, sobrina de Isabel. Nacida en Escocia, con solo seis días de vida pierde a su padre, Jacobo V, y es proclamada reina. Su destino era ser no solo reina de Escocia, sino también de Inglaterra. Pero acabará casada con el futuro rey de Francia, Francisco II, quien morirá a los dieciséis años tras apenas un año de reinado. Entonces María, que ha pasado prácticamente toda su vida en Francia, regresa a Escocia con dieciocho años, donde la espera su trono vacante. Allí se encuentra con un reino profundamente dividido en el terreno religioso. Ella es católica, pero el país ha virado, como Inglaterra, hacia el protestantismo, y la lucha entre unos y otros será descarnada. Hay otro detalle importante que desencadenará todo lo que vendrá después. Isabel I ve amenazada su posición, pues María Estuardo y los católicos reivindican que la segunda es la legítima heredera al reino de Inglaterra.

María acabará perdiendo el control de Escocia ante su hermano y otros nobles protestantes y siendo llevada a prisión. Escapará y será acogida por Isabel en Inglaterra. Eso sí, no será una acogida demasiado cariñosa, pues Isabel cambiará una jaula por otra y encerrará a María por temor a su influencia. Así permanecerá María cerca de veinte años, hasta ser ejecutada por conspirar contra la reina de Inglaterra. El verdugo tuvo que asestarle hasta tres golpes de hacha para cortarle la cabeza, con lo que la ejecución resultó en una chapuza sangrienta. Desde entonces, María Estuardo se convertirá en una mártir de la causa católica y un símbolo de la resistencia escocesa. Fue el 8 de febrero de 1587. Su hijo Jacobo (I de Inglaterra y VI de Escocia) acabará siendo el primer rey unificado de Gran Bretaña e Irlanda por orden de la mismísima reina Isabel, quien murió sin descendencia.

La comida escocesa se afrancesa

Cuando María Estuardo regresa a casa no lo hace sola. De igual forma que su suegra Catalina de Médici había llevado desde Italia nuevos hábitos gastronómicos a París, ella hará lo propio con Escocia importando las costumbres aprendidas en Francia.

La cocina escocesa, anclada en la Edad Media, vivirá su mayor renovación con la llegada de María y su séquito en 1561. María se mantendrá en el poder hasta 1567, tiempo suficiente para que lo francés deje su influencia en el terreno gastronómico hasta nuestros días. El principal legado de la cocina francesa a la escocesa (e inglesa) serán las salsas. Esas salsas altamente especiadas, ácidas y dulces resultarán tan adictivas que ya no saldrán de las islas. Platos típicos escoceses como el *howtowdie* (pollo relleno) o el *collops* (carne guisada) son también resultado de la influencia francesa.

En el cine

La mejor y más poética versión de este personaje, *María Estuardo* (*Mary of Scotland*), la dirigió el maestro John Ford en 1936. Katharine Hepburn dio vida a la reina de Escocia en una de las obras menores de Ford, mientras que la desconocida Florence Eldridge encarnó a Isabel Tudor. En la película se fantasea con un encuentro entre ambas reinas, algo que no sucedió en la vida real.

Para ver a la mejor actriz posible en el papel de Isabel I hay que irse a *La vida privada de Elizabeth y Essex* (*The Private Lives of Elizabeth and Essex*, 1939), donde Bette Davis se puso a las órdenes de Michael Curtiz. La película narra la convulsa relación sentimental entre la reina y Robert Devereux, conde de Essex, a quien da vida Errol Flynn.

Enrique VIII ha dado mucho más juego en el cine que Isabel y María. Por ejemplo, en el filme *Un hombre para la eternidad* (*A Man for All Seasons*,

1966), de Fred Zinnemann, centrado en la figura del político católico Thomas More. O en *La vida privada de Enrique VIII* (*The Private Life of Henry VIII*, 1933), de Alexander Korda, y *Ana Bolena* (*Anna Boleyn*, 1920), del gran Ernst Lubitsch, con los siempre impresionantes Charles Laughton y Emil Jannings, respectivamente, encarnando al más famoso rey de Inglaterra.

SHORTBREAD (galletas escocesas)

Ingredientes

· 170 g de harina de trigo
· 140 g de mantequilla sin sal a temperatura ambiente
· 50 g de maicena
· 50 g de azúcar blanco
· 25 g de azúcar glas
· una pizca de sal

Los escoceses son famosos por su gusto por las galletas y las masas dulces. Estas shortbread *nacieron como forma de aprovechar los restos de masa de pan. Fueron evolucionando desde lo más humilde hasta lo más lujoso cuando la mantequilla formó parte de sus ingredientes. Este cambio se le ha llegado a atribuir a María Estuardo y la influencia francesa.*

En definitiva, unas delicadas galletas con un increíble y delicado sabor a mantequilla, ¡dignas de toda una reina! Son ideales para comer junto con una taza de té o café.

Preparación

Precalentamos el horno a 140 °C.

En un bol echamos la mantequilla sin sal a temperatura ambiente junto con los dos tipos de azúcar. Batimos hasta que se hayan disuelto totalmente.

Tamizamos la harina y la maicena junto con la sal y vamos incorporándola en varias tandas a la mezcla de mantequilla y azúcar hasta obtener una masa dura. A medida que vamos incorporando las harinas, la masa empieza a separarse como en pequeños grumos. Hay que seguir batiendo hasta que la masa se vuelva a compactar y no esté pegajosa, entre 5 y 10 minutos dependiendo de la batidora.

Formamos una bola, la envolvemos en papel film y la dejamos reposar 30 minutos en nevera.

Estiramos la masa sobre papel vegetal con ayuda de un rodillo intentando formar un rectángulo. Lo ideal es utilizar un molde cuadrado o rectangular, de esa manera no se deformarán al hornearse. Debemos dejar la masa con un grosor de entre 1 y 1,2 cm. Cortamos en rectángulos de 2,5 × 10 cm aproximadamente, sin llegar a cortar del todo la galleta. Es decir, solo marcamos los cortes. Pinchamos con un tenedor cada galleta.

Horneamos durante unos 40 minutos.

Dejamos reposar 5 minutos y colocamos las galletas sobre una rejilla, con cuidado para no romperlas. Para acabar, cuando se hayan enfriado totalmente, las cortamos siguiendo las marcas.

«*De igual forma que su suegra Catalina de Médici había llevado desde Italia nuevos hábitos gastronómicos a París, ella hará lo propio con Escocia importando las costumbres aprendidas en Francia.*»

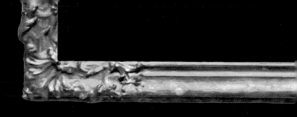

Michelangelo Buonarroti

El mayor artista no pensaba en comer

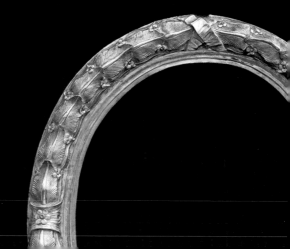

Hasta ahora en este libro hemos hablado de reyes, reinas, conquistadores y exploradores. El primer artista en aparecer no podía ser otro que Michelangelo Buonarroti, uno de los grandes genios del Renacimiento junto con sus contemporáneos Leonardo da Vinci y Raffaello Sanzio.

Michelangelo es autor de obras capitales en la historia de la escultura como la *Piedad* (1499), el *David* (1504) o el impresionante *Moisés* (1515) y creador de los más bellos frescos jamás pintados, aquellos que decoran la Capilla Sixtina en el Vaticano. Resulta curioso que la obra más importante de un artista que, ante todo, se consideraba escultor sea una pintura. También destacó como arquitecto: la Basílica de San Pedro del Vaticano es su mayor aportación en esta disciplina.

A lo largo de sus ochenta y nueve años de vida (1475-1564) trabajó de forma incansable dejando su huella tanto en Florencia como en Roma. Su obra, inmortal, podría haber sido mucho más grande si todos los proyectos en los que estuvo inmerso no se hubieran visto modificados o directamente suspendidos. Un hecho, por otra parte, habitual en la biografía de cualquier artista de cualquier época.

La comida como supervivencia

A Michelangelo lo único que le interesaba era crear. Terco, solitario, malhumorado, altivo, sucio y totalmente obsesionado con su trabajo: así era el genio. Solo a alguien como él se le ocurriría encerrarse en la Capilla Sixtina y hacer el trabajo de pintarla por sí mismo, sin más ayuda que la prestada por los que montaron los andamios. Se dice que solo el papa Julio II tenía permiso para ver los avances de sus frescos. Seguramente también tendría acceso algún sirviente encargado de llevarle la comida. Pan y vino eran la alimentación principal de Michelangelo, cuyo gusto gastronómico era prácticamente nulo. El pescado aparece como su principal fuente de proteínas en una supuesta lista de la compra escrita de su puño y letra, hoy exhibida en la Casa Buonarroti de Florencia. Todo un milagro, teniendo en cuenta que el artista quemaba todos sus apuntes, dibujos y bocetos. El queso y las peras eran sus otras predilecciones y los únicos alimentos que consumía para algo más que simplemente alimentarse.

La sombra de Leonardo

La rivalidad entre Michelangelo y Leonardo da Vinci ha perdurado a lo largo de los siglos. Fueron rivales en vida y aún lo son hoy entre los admiradores de uno y otro. Leonardo era un artista popular, bien parecido, con gran magnetismo y siempre rodeado de buena compañía. Su vida alegre y sin tapujos, abiertamente homosexual, chocaba de lleno con el pensamiento religioso y austero de Michelangelo, del que se piensa que también era homosexual. Coincidieron en Florencia durante algunos años en los que llegaron a compartir lugar de trabajo por encargo del Ayuntamiento. Leonardo venía de Milán de pintar *La Última Cena* y Michelangelo presentó su *David* durante esa época. ¡Hubiera sido apasionante estar ahí! El episodio dedicado al Renacimiento de la mítica serie de animación *Érase una vez el hombre* narra el antagonismo entre los dos genios.

Al contrario que Michelangelo, a Leonardo le encantaba comer bien. Existe un libro titulado *Notas de cocina de Leonardo da Vinci* lleno de parodias e invenciones que ha contaminado todas las fuentes sobre los gustos gastronómicos de Leonardo. Pero, como fantasean los autores del libro, no es alocado imaginar a Leonardo inventando artefactos y recetas de lo más moderno, incomprensibles e inapreciables para el público de la época.

En el cine

No hay mejor película sobre Michelangelo que *El tormento y el éxtasis* (*The Agony and the Ecstasy*, 1965), dirigida por Carol Reed y protagonizada por Charlton Heston y Rex Harrison. El filme narra el proceso creativo de la Capilla Sixtina y el duro pulso que mantuvieron el artista y el papa Julio II.

Sobre la Italia de la época y el Renacimiento en general, no tenemos demasiadas películas donde elegir. Es una etapa de la historia prácticamente olvidada por el cine. La familia Borgia es la que más juego ha dado, especialmente en televisión. En cine tenemos *La máscara de los Borgia* (*Bride of Vengeance*), dirigida por Mitchell Leisen en 1949, con la maravillosa Paulette Godard dando vida a Lucrecia Borgia.

Roberto Benigni y Massimo Troisi viajan al pasado en la comedia *Solo queda llorar* (*Non ci resta che piangere*, 1984), con la aparición estelar de Leonardo da Vinci, quien, gracias a la información proporcionada por los dos viajeros del tiempo, logra construir un tren a vapor.

TORTA AMALFITANA
(tarta de queso y pera)

👤 **10-12 raciones**

🕐 90 min

🖼 horneado

Ingredientes

PARA LOS BIZCOCHOS

- 3 huevos L
- 200 g de avellanas tostadas y sin piel
- 60 g de harina de trigo de repostería
- 100 g de mantequilla derretida
- 130 g de azúcar
- 10 g de levadura química

PARA LA CREMA

- 600 g de queso *ricotta*
- 200 g de nata para montar
- 30 ml de leche
- 3 hojas de gelatina
- 80 g de azúcar glas

PARA LAS PERAS

- 420 g de pera conferencia (pelada y cortada)
- 12 g de mantequilla
- zumo de ½ limón
- 2 cdas. de azúcar moreno
- 5 g de maicena

A alguien que valoraba tan poco la comida como Michelangelo es complicado dedicarle un plato. Sin embargo, se sabe que el queso y las peras eran sus dos únicas debilidades, por lo que no ha sido difícil encontrar una receta que incorpore ambos ingredientes.

La torta amalfitana es una tarta de queso radicalmente distinta a lo habitual. Su delicioso bizcocho con sabor a avellana combina a la perfección con su delicado relleno, una crema untuosa y sedosa con un finísimo sabor a pera. Tiene el toque dulce justo, lo que también la diferencia de las excesivamente dulzonas cheesecakes americanas. Y la presentación no puede ser más atractiva.

Para la realización de esta receta hemos adaptado libremente las versiones del pastelero italiano Sal de Riso y de la bloguera, también italiana, Benedetta Rossi.

Preparación

Preparamos las avellanas garrapiñadas. En un cazo echamos todos los ingredientes y dejamos cocinar a fuego medio-bajo hasta que se haya consumido toda el agua. Este proceso tardará más o menos 30 minutos. Hemos de vigilar que el azúcar no se queme y remover de vez en cuando. Cuando ya no tengan nada de agua veréis que se ha creado una costra mate alrededor de cada avellana, es el azúcar caramelizado que se ha adherido a las avellanas. En ese momento las sacamos y colocamos sobre papel vegetal para que se enfríen. Reservamos hasta su uso.

PARA LAS AVELLANAS GARRAPIÑADAS

- ½ vaso de café de avellanas tostadas y sin piel
- ½ vaso de café de azúcar blanco
- ½ vaso de café de agua

PARA DECORAR

- azúcar glas

Preparamos las peras. Las pelamos y cortamos en dados más o menos del mismo tamaño, las echamos en un bol y rociamos con el zumo de limón. En una sartén echamos la mantequilla. Cuando esté derretida incorporamos las peras y el azúcar, dejamos reducir sin apenas remover durante 2-3 minutos. A continuación, echamos la maicena y removemos con mucho cuidado. En cuanto veamos que el jugo soltado está espeso y no quedan restos de maicena, retiramos del fuego y reservamos en un bol hasta el momento de utilizar.

Antes de empezar con el bizcocho, derretimos la mantequilla y trituramos las avellanas hasta que queden en polvo. En el vaso de la batidora echamos los huevos junto con el azúcar y batimos hasta triplicar su volumen. En este punto incorporamos las avellanas, la levadura en polvo y la harina. Mezclamos con ayuda de una espátula con movimientos envolventes. Una vez bien integrados todos los ingredientes, echamos la mantequilla derretida y mezclamos hasta que esté bien integrada y nos quede una masa homogénea.

Precalentamos el horno a 180 °C. Forramos el fondo de un par de moldes de 20 cm con papel vegetal y pintamos con mantequilla y harina las paredes. Echamos la mitad de la mezcla en cada molde y horneamos durante 15 minutos. Antes de sacarlos del horno comprobamos con un palillo que estén bien hechos. Dejamos enfriar 5 minutos, desmoldamos y los ponemos sobre una rejilla hasta que se enfríen totalmente.

Ponemos en remojo la gelatina. La cantidad de gelatina es variable dependiendo de la textura deseada; con 3 hojas (5 g) queda una textura supercremosa, nada dura. Si preferís que tenga más cuerpo, simplemente tenéis que doblar la cantidad. Ponemos las hojas en remojo en agua fría 5 minutos. Ponemos la leche a hervir en un cazo, retiramos del fuego, incorporamos las hojas de gelatina escurridas y batimos con varillas hasta que se hayan disuelto totalmente.

Para la crema del relleno, empezamos montando la nata con 20 g de azúcar glas; es importante para que monte bien que la nata esté bien fría, y hacerlo con varillas de globo. Una vez montada, la reservamos en un bol. Batimos el queso *ricotta* con el resto del azúcar. Cuando veamos que tiene una textura cremosa, vertemos la leche con la gelatina y mezclamos bien. Incorporamos la nata montada y mezclamos con ayuda de una espátula con movimientos envolventes. Por último, echamos la pera y mezclamos bien.

Montamos la tarta. Utilizamos el aro de un molde del mismo tamaño que los bizcochos. Colocamos el aro sobre el plato donde vayamos a presentar la tarta y ponemos uno de los bizcochos. Echamos toda la crema y la alisamos. Acabamos con el otro bizcocho con la parte más lisa que nos quede por encima. Tapamos y reservamos en la nevera durante un mínimo de 6 horas, mejor de un día para otro.

Para presentarla, quitamos el aro y decoramos espolvoreando azúcar glas con un colador. Finalmente, ponemos algunas avellanas garrapiñadas por encima para decorar.

«El queso y las peras
eran sus otras
predilecciones y los
únicos alimentos que
consumía para algo
más que simplemente
alimentarse.»

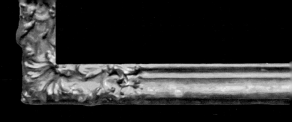

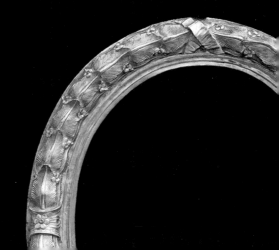

SIGLO XVI

Cervantes y Shakespeare

Los dos genios de la literatura

Nacieron con diecisiete años de diferencia. El español en 1547, el inglés en 1564. Una diferencia ridícula en comparación con la historia de la humanidad. Murieron el mismo año, en 1616. En el mismo día, el 23 de abril. Aunque con trampa, pues a Cervantes lo enterraron el 23, pero murió un día antes. Y en Inglaterra se usaba el calendario juliano, por lo que en realidad Shakespeare murió el 3 de mayo del gregoriano. Nunca se conocieron. Ni siquiera se sabe si uno oyó hablar del otro, aunque ha habido tantas especulaciones alrededor de ambos que incluso se ha llegado a decir que, en realidad, fueron la misma persona.

Miguel de Cervantes Saavedra fue héroe de guerra y decenas de cosas más antes de dedicarse a escribir. El éxito le llegó tarde, pero de manera abrumadora, con *El ingenioso hidalgo don Quijote de la Mancha*, una parodia de las novelas de caballerías publicada inicialmente en dos partes, la primera en 1605 y la segunda en 1615. Está considerada una de las obras capitales de la literatura mundial: osada, revolucionaria, influyente y de excepcional arraigo popular. No hay personajes más reconocidos e imitados que don Quijote y su escudero Sancho Panza.

William Shakespeare está considerado el mayor dramaturgo de la historia. Como Cervantes, se dedicó a hacer un poco de todo, incluso fue actor de teatro. De ahí pasó a escribir, tanto poesía como teatro. Los títulos de sus comedias, tragedias y dramas históricos son conocidos incluso para aquel que nunca los haya leído o visto representados: *La fierecilla domada*, *El sueño de una noche de verano*, *Romeo y Julieta*, *Hamlet*, *Otelo*, *Macbeth*, *Julio César*, *El rey Lear*, *Mucho ruido y pocas nueces* o *La tempestad*. Hay muchas lagunas en su biografía, lo que ha hecho correr ríos de tinta sobre quién fue y cuántas obras escribió realmente.

La comida en el *Quijote*

Se ha escrito mucho sobre las similitudes entre Cervantes y Shakespeare, tanto en su vida personal como en las tramas y personajes que crearon. Pero si en algo se parecen es en el interés por la comida en sus obras. El *Quijote* está lleno de referencias culinarias. Por ejemplo, se menciona la olla podrida, la madre de todos los cocidos, de la que ya hablamos en profundidad en el capítulo dedicado a Cristóbal Colón. También se mencionan otros platos típicos de la época, como el manjar blanco, las albóndigas, las lentejas, la empanada de conejo albar, unos duelos y quebrantos manchegos, frutas en sartén, el gazpacho, el salpicón de vaca con cebolla, manos y pies de ternera cocidos, un triste bacalao a la cazuela o un «pan tan negro y mugriento como sus armas». Sancho Panza, cómo no, es el principal responsable de estas menciones.

Por su parte, la obra de Shakespeare no se queda atrás. En ella tiene también cabida la comida, con especial atención a los postres de la época isabelina, como el *posset* de leche, vino y huevos, el *marchpane* (pastel de mazapán y frutas) o el pudín de grosella.

En el cine

Si Cervantes y Shakespeare fueron dos genios de la literatura, en el cine fue otro genio el que mayor partido sacó a sus obras. Con un estilo propio e inimitable, Orson Welles no se limitó a adaptar, sino que dio rienda suelta a su creatividad para conseguir películas muy personales, más identificables con Welles que con los escritores adaptados. De Shakespeare llevó al cine *Macbeth* (1948), *Otelo* (*Othello*, 1952) y *Campanadas a medianoche* (*Falstaff. Chimes at Midnight*, 1965), las tres protagonizadas por el propio Welles.

De Cervantes se valió para intentar estrenar su película más ambiciosa: *Don Quijote*. Tras más de veinte años rodando escenas sueltas de forma independiente, finalmente no pudo completar el rodaje ni hacer un montaje previo. En 1992 se presentó una versión editada a cargo de Jess Franco de lo que pudo ser y no fue. Imposible imaginar cómo le habría dado forma Welles a una película así, con el material tan abundante y heterogéneo rodado.

Una adaptación bastante digna es la que hizo Manuel Gutiérrez Aragón en 1991 en la serie de televisión *El Quijote*, con dos monstruos de la interpretación como protagonistas: Fernando Rey y Alfredo Landa.

MARCHPANE (pastel de mazapán)

Este es uno de los postres más representativos de la época isabelina. Shakespeare lo menciona en algunas de sus obras, por ejemplo, en Romeo y Julieta. En realidad, es una auténtica bomba de calorías, pero absolutamente deliciosa, sobre todo si te gusta la almendra. Se caracteriza por su toque crujiente y delicado, y un gusto muy dulce, con el intenso sabor a almendra. Es perfecta para los que son muy golosos.

Ojo con el agua de rosas, es un sabor muy potente que prácticamente disfraza el resto de los sabores y al que no estamos acostumbrados. Se puede hacer la receta tal cual sustituyendo el agua de rosas por la misma cantidad de agua (y, de hecho, es lo más recomendable).

8 raciones
50 min
reposo
horneado

Ingredientes

- 350 g de pasta de almendras
- 5 obleas
- 2 ml de agua de rosas
- 125 g de azúcar glas

PARA LA PASTA DE ALMENDRAS

- 150 g de almendras con piel
- 70 g de azúcar glas
- 120 g de azúcar invertido o glucosa

PARA EL AZÚCAR INVERTIDO

- 350 g de azúcar
- 150 ml de agua
- 1 sobre de acidulante
- 1 sobre de gasificante

Preparación

Preparamos el azúcar invertido. Con un robot de cocina podemos controlar la temperatura, si no, necesitaremos un termómetro. Ponemos el agua a calentar hasta los 50 °C. Añadimos el azúcar y removemos. Dejamos que el agua llegue a los 80 °C, retiramos del fuego y añadimos el sobre de acidulante. Removemos y dejamos que la temperatura baje hasta los 60 °C. Incorporamos el sobre de gasificante, removemos y dejamos enfriar.

Seguimos con la pasta de almendra. Hervimos las almendras en abundante agua durante 10 minutos. Quitamos el agua y pelamos las almendras. Las echamos en un procesador. Trituramos hasta que queden hechas polvo, pero sin que lleguen a ser mantequilla. Vamos bajando la almendra de las paredes del procesador y trituramos en intervalos de 30 segundos. A continuación, incorporamos el azúcar y trituramos durante 30 segundos. Bajamos la mezcla de las paredes y trituramos 30 segundos más. Echamos el azúcar invertido y trituramos durante 1 minuto. A los 30 segundos bajamos la mezcla de las paredes y volvemos a triturar 30 segundos más. Envolvemos la pasta de almendras en film transparente, hacemos un rollo y lo reservamos en la nevera hasta el día siguiente.

Para montar nuestro *marchpane*, colocamos una oblea sobre papel vegetal, ponemos encima un plato de postre y la recortamos a la medida del plato. Hacemos lo mismo con las otras 4 obleas. Una vez que tengamos todas las obleas del mismo tamaño, las montamos unas encima de otras y las vamos pintando ligeramente con un pincel con agua.

Colocamos la pasta de almendras bien fría entre dos papeles vegetales y la estiramos bien con un rodillo para poder cubrir toda la superficie de las obleas y el lateral. Si cuesta manipular la pasta de almendra, es recomendable congelarla un poco para que coja cuerpo y luego seguir trabajándola.

Cubrimos las obleas con la pasta de almendra, tanto por arriba como por los bordes. Cortamos el sobrante y horneamos a 110 °C durante 15 minutos. Sacamos y dejamos enfriar.

Echamos en un bol el agua de rosas y el azúcar glas, mezclamos bien y vamos añadiendo agua hasta obtener una mezcla cremosa pero espesa. Cubrimos la superficie del *marchpane*, incluidos los laterales. Volvemos a introducir al horno a 110 °C durante 20 minutos más.

Dejamos enfriar y servimos en porciones.

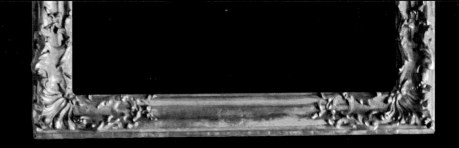

María Antonieta y la Revolución francesa

La reina más odiada

La traducción literal de la frase más famosa atribuida a María Antonieta es: «Si no tienen pan, que coman brioches». Realmente la reina de Francia nunca dijo tal cosa, pero en cualquier caso esa frase describe muy bien al personaje: una extranjera, acostumbrada a todo tipo de privilegios, cuyo mundo se estaba viniendo, literalmente, abajo.

Se dijo que los excesos de María Antonieta precipitaron la Revolución francesa, algo también exagerado, porque en la corte de Luis XVI los excesos no los cometía una única persona. Lo que sí parece cierto es que fue la persona más odiada de Francia durante la época de la Revolución, tanto en Versalles como en las calles. Fue víctima de conspiraciones, noticias falsas y exageraciones. Es evidente que ella también debió de poner de su parte, pues se la acusó de influir negativamente en el rey, pero seguro que no mereció un final tan cruel.

Pasión por el dulce

María Antonieta nació en Austria, era hija del emperador Francisco I. Se casó a los catorce años con el futuro rey de Francia, llegó a reina a los dieciocho y murió guillotinada a los treinta y siete, tras pasar sus últimos dos años encarcelada.

Le tocó vivir una época complicadísima en cuanto a lo social, pero apasionante en el terreno gastronómico. En el siglo XVIII la cocina francesa toma la delantera para convertirse en el gran referente mundial durante el siglo siguiente. Será la época del gran Antonin Carême, del *boom* de los hoteles y restaurantes y de grandes innovaciones en la cocina. La pastelería vivirá una edad dorada.

María Antonieta, desde Versalles y justo antes de esa gran eclosión, la disfrutará de lo lindo. No le gustaba comer en público; los desayunos en privado serán su momento favorito: *macarons*, pasteles de limón, milhojas, babás, bombones, *puits d'amour* y, muy especialmente, brioches. Lo dulce era su perdición, pues de salado se dice que no pasaba de sopas y pollo hervido, a pesar de la exagerada oferta de comida que había en la corte. Mientras, los campesinos no tenían ni un pedazo de pan que llevarse a la boca.

El brioche es un pan enriquecido con mantequilla y huevos que solo estaba al alcance de las élites. Posteriormente se le añadirá azúcar y se le darán diferentes formas, dependiendo de la zona. Sirve tanto para salado como para dulce.

La forma más conocida es el brioche parisino, también conocido como brioche *a tête* por la pequeña bola que asoma en forma de cabeza. Este tipo de brioche fue creado en el siglo XVII. La receta es muy sencilla y da como resultado uno de los panes más golosos y tiernos que te puedas imaginar.

Leyendas y tragedias

Cuenta la historia que existía una variante que era el «brioche *a tête* decapitado» en honor a la reina. ¡Que no falte el humor negro! No hay mucha información al respecto, parece más bien una leyenda.

Según otra leyenda, fue María Antonieta quien introdujo el *croissant* en Francia, como parte de sus desayunos. Sin embargo, parece que esta historia tampoco está verificada, pues el *kiptel* austríaco (del que viene el *croissant*) no llegó a París hasta 1838 de la mano del empresario August Zang. Si hubiera vivido hoy, María Antonieta sería una *influencer* con millones de seguidores, y su vida estaría llena de *fake news*.

María Antonieta murió guillotinada el 16 de octubre de 1793, abucheada por la multitud, despojada de toda dignidad tras un duro cautiverio y alejada de sus hijos. Hacía mucho tiempo que había dejado de disfrutar de los lujos y placeres de Versalles. Su figura se fue rehabilitando poco a poco con el paso del tiempo, pero siempre será recordada como la reina más odiada de Francia y por una desafortunada frase que nunca pronunció.

En el cine

La Revolución francesa no ha tenido el protagonismo en el cine que se le presume a un acontecimiento histórico tan crucial. Aun así, hay un buen puñado de excelentes películas que conviene destacar.

Con la firma de grandes maestros tenemos *La Marsellesa* (*La Marseillaise*, 1938), de Jean Renoir, *Las dos huérfanas* (*Orphans of the Storm*, 1921), de David W. Griffith, *El reinado del terror* (*Reign of Terror*, 1949), de Anthony Mann, o *Madame DuBarry* (1919), de Ernst Lubitsch. Una francesa, dos estadounidenses y una alemana.

Historia de dos ciudades (*A Tale of Two Cities*, 1935), de Jack Conway, adapta la famosa novela de Charles Dickens. Fue producida por David O. Selznick, amante del drama y las historias épicas, cuatro años antes de reventar las taquillas con *Lo que el viento se llevó*.

Las mejores recetas de la historia

Danton (1982), del director polaco Andrej Wajda, recrea el proceso y ejecución del político revolucionario Georges-Jacques Danton, víctima del período conocido como «El Terror».

Finalmente, sobre la reina de Francia tenemos *María Antonieta* (*Marie-Antoinette*, 2006), de Sofia Coppola, un curioso acercamiento al personaje que resulta tan sorprendente como desconcertante.

BRIOCHE A TÊTE

El brioche a tête o parisino es un dulce típico francés. Un pan tierno y esponjoso, con un marcado sabor a mantequilla que gusta prácticamente a cualquier tipo de paladar. Se puede comer con el café o la leche, o acompañado de mermelada o chocolate, pero por sí solo ya está buenísimo.

No es de extrañar que fuera un dulce de auténtico lujo y el favorito de las reinas más exigentes.

Preparación

Deshacemos la levadura en la leche tibia. Removemos hasta que la levadura se haya disuelto y dejamos reposar 5 minutos.

En un bol echamos la harina junto con el azúcar y la sal.

En otro bol batimos ligeramente los huevos y los agregamos a la harina en varias tandas. Si amasamos en un robot, vamos agregando el huevo a la par que batimos. Si lo hacemos a mano, echamos el huevo en varias tandas e incorporamos a la harina antes de añadir otra tanda. Una vez bien incorporados los huevos a la harina vertemos la leche y amasamos hasta que todos los ingredientes estén bien integrados. Debemos obtener una masa muy dura.

Incorporamos los dados de mantequilla muy fríos (es recomendable introducirlos en el congelador 15 minutos antes de utilizarlos). Amasamos hasta que la mantequilla se haya integrado totalmente. Poco a poco, veremos que va cambiando el aspecto de la masa, se irá volviendo más fina, más elástica y menos pegajosa.

👤 **4 personas**

🕐 35 min

levado

horneado

Ingredientes
(para un molde de 18 cm)

· 300 g de harina de fuerza
· 60 g de azúcar
· 2 huevos tamaño M (90 g)
· 60 g de mantequilla en cubos
· 70 ml de leche entera tibia
· 7 g de levadura seca (o 20 g de levadura fresca)
· 6 g de sal

PARA PINTAR
· mantequilla
· 1 huevo
· sal

PARA DECORAR
· azúcar perlado

Una vez integrada totalmente la mantequilla, amasamos 5 minutos más. Enharinamos un bol e introducimos la masa en forma de bola, tapamos y dejamos reposar durante una hora y media.

Pasado el tiempo de reposo, volcamos la masa sobre una superficie enharinada para poder darle forma. Hay diferentes formas de hacer el brioche *a tête*. La más lógica sería dividir la masa en dos partes: una de ellas ha de ser una cuarta parte de la otra. Formamos la bola más grande y la introducimos en el molde rizado de 18 cm de diámetro previamente enmantequillado. A continuación, hundimos ligeramente el centro de esta bola y colocamos encima la bola más pequeña.

Batimos ligeramente un huevo con una pizca de sal. Pintamos con el huevo batido nuestros brioches con ayuda de un pincel. Tapamos y dejamos levar hasta que doblen su volumen.

Descubre más

Pasado el tiempo, volvemos a pintar con el huevo batido, espolvoreamos con azúcar perlado y horneamos con el horno precalentado a 210 °C durante 5 minutos. Transcurridos los 5 minutos, bajamos la temperatura a 180 °C y seguimos horneando durante 25 minutos aproximadamente.

Una vez horneado, dejamos enfriar 5 minutos. Desmoldamos y dejamos enfriar totalmente sobre una rejilla.

«*Lo dulce era su perdición, pues de salado se dice que no pasaba de sopas y pollo hervido, a pesar de la exagerada oferta de comida que había en la corte.*»

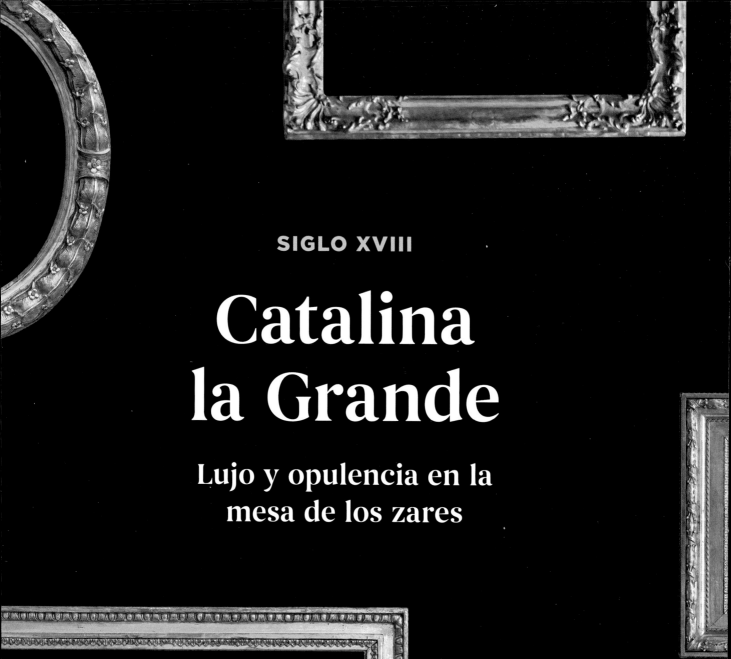

SIGLO XVIII

Catalina la Grande

Lujo y opulencia en la
mesa de los zares

Pocas mujeres habrán sido más poderosas a lo largo de la historia que la emperatriz Catalina II de Rusia, más conocida como Catalina la Grande. Ambiciosa, inteligente y culta, llegó al poder tras dar un golpe de Estado contra su propio esposo, el zar Pedro III, quien no llegó ni al año de reinado.

Su nombre real era Sofía Federica. No era rusa, sino alemana, pero eso no le impidió convertirse en uno de los gobernantes más importantes de Rusia, a la altura del mismísimo Pedro I el Grande. Si Pedro derrotó a los suecos y se expandió hacia el norte, Catalina hizo lo propio con los turcos, expandiéndose hacia el sur. Luego ampliará aún más el enorme Imperio ruso ocupando parte del este de Europa y Asia central.

Catalina modernizó el imperio y promovió múltiples reformas, pero no acabó con los enormes privilegios de los nobles y mantuvo la servidumbre, tan arraigada en Rusia, fundamental para mantener su descomunal ejército y someter en régimen prácticamente de esclavitud a los campesinos.

Tuvo tantos amantes como rivales, tanto fuera como dentro de San Petersburgo. Era tan caprichosa y enamoradiza con los hombres como implacable en sus rutinas de trabajo diarias, que consistían, principalmente, en estar al tanto de todo cuanto acontecía en el imperio. Su poder fue absoluto.

Las grandes fiestas

Ese orden y rigor lo llevó también a la comida, con horarios estrictos y rutinas inalterables. Nada más levantarse, lo primero que tomaba era un buen café. Y lo siguiente era un segundo café. Tras el chute de cafeína, comía algún bocado dulce.

En las fiestas, que ningún otro zar organizó como Catalina, el desfile de platos llegaba a ser abrumador. Se ofrecían cientos de platos para el disfrute de los invitados. Todos servidos en vajillas de porcelana importadas desde Gran Bretaña. Lo británico estaba de moda, y Catalina siempre iba a la última.

Los platos con que se agasajaba a los comensales en estos banquetes eran de lo más variado, desde carnes de caza (alce, liebre, pato o faisán) hasta pavos reales, pescados, mariscos, o *delicatessen* como caviar y ostras. Según la exposición «Comiendo con los zares», celebrada en Amsterdam en 2014, se servían platos tan curiosos como un fricasé de lengua de ruiseñor, un ragú de morro y oreja de venado, unos ojos de buey en salsa, unos morros de alce en crema agria, unas patas de oso estofadas o un pastel de paloma. Parece que a los zares les gustaba la casquería. Para beber, los vinos borgoñeses y húngaros eran los favoritos.

Los postres eran pomposos y tan excesivamente decorados como las propias mesas, llenas de cristalería y figuras llamativas.

Se sabe que a Catalina le encantaba la comida internacional, especialmente la francesa, que combinaba en el día a día con platos típicos rusos como la sopa de col o las empanadas de carne. Un plato bastante novedoso, de origen francés, fue la patata con crema agria, que para Catalina se adornaba, cómo no, con caviar. De ahí el nombre de patatas zarinas. Su plato más habitual era una simple carne hervida, pero su favorito era la sopa de esturión con champán. Plato carísimo, tanto en el siglo xviii como hoy en día.

Mientras, el pueblo se alimentaba a duras penas de pan de centeno y gachas. Con suerte, la típica sopa de col con pescado en lugar de carne. La patata llegó a Rusia de la mano de Pedro el Grande, pero no fue hasta el reinado de Catalina cuando se empezó a promover entre la gente humilde, que la consumía simplemente hervida. No fue nada fácil su implantación y consumo, pero hoy en día es un alimento principal en Rusia. Tampoco faltaba en la dieta de los campesinos el *kvas*, una bebida alcohólica fermentada de harinas de trigo y centeno. La realidad es que llevaban una vida dura y miserable.

El final de los Romanov

Catalina era una persona muy inquieta: se interesó por el arte, la literatura, la tecnología, la moda... A ella le debemos la impresionante colección del Ermitage de San Petersburgo, uno de los museos más importantes del mundo. Fue una excelente relaciones públicas, acercó Rusia al resto de Europa e infundió en las demás potencias simpatía y temor a partes iguales.

Murió de un inesperado derrame cerebral el 17 de noviembre de 1796, a la edad de sesenta y siete años. Ciento veinte años después de su muerte, la dinastía Romanov y el Imperio ruso se vinieron abajo, y la Revolución bolchevique liderada por Lenin dio origen a la Unión Soviética. Pero esa ya es otra historia.

En el cine

Bette Davis interpretó a Catalina la Grande en 1959 en *El capitán Jones* (*John Paul Jones*), de John Farrow. Su papel es muy secundario, pero cuando aparece barre de la pantalla al resto de los personajes. Una grande como Catalina necesitaba ser interpretada por alguien de su nivel. Pola Negri, Jeanne Moreau, Catherine Zeta-Jones y Helen Mirren también dieron vida a la emperatriz.

Sin embargo, no hay mejor película sobre Catalina la Grande que *Capricho imperial* (*The Scarlet Empress*, 1934), de Josef von Sternberg, con la siempre impresionante Marlene Dietrich en el papel protagonista.

Una serie documental muy interesante que recorre toda la historia de la dinastía Romanov es *El imperio de los zares* (*Empire of the Tsars: Romanov Russia with Lucy Worsley*), producida y emitida por la BBC en 2016.

Patatas zarinas

Este plato sale bastante caro debido a la presencia del caviar, pero podemos optar por un caviar más económico o directamente por un sucedáneo. Además, no es un plato principal, sino más bien un entrante para ocasiones especiales.

Preparación

Precalentamos el horno a 200 °C. Ponemos las patatas bien lavadas en una bandeja de horno. Horneamos durante 1 hora aproximadamente. Antes de sacarlas, las pinchamos con un palillo para ver si están tiernas, si no fuera así las dejamos más tiempo. Una vez listas, dejamos que se enfríen un poco para poder manipularlas. Cortamos con el cuchillo un trozo por arriba y vaciamos la patata con ayuda de una cucharilla. Vamos echando toda la carne de la patata en un bol. Hemos de tener cuidado de no romper la envoltura, pues nos hará de recipiente.

Añadimos al bol la mantequilla a temperatura ambiente, salpimentamos al gusto e incorporamos el cebollino fresco finamente picado. Mezclamos bien a la par que chafamos con ayuda de un tenedor hasta obtener un puré fino. Rellenamos las patatas con este puré y reservamos.

Salpimentamos al gusto la nata fresca o *crème fraîche*, mezclamos y reservamos en la nevera hasta el momento de servir.

Para la presentación, colocamos las patatas calientes en un plato. Echamos una cucharada de nata fresca encima de cada patata. Ponemos una cucharadita de caviar por patata y servimos de inmediato. La idea es servir la patata caliente y que la nata fresca nos haga de escudo entre el calor de la patata y el caviar.

Descubre más

SIGLO XVIII

Mozart
y Beethoven

El sibarita era Rossini

Es el siglo de las luces, de las artes y de las revoluciones. Y también es el siglo de la música, de la ópera y de los grandes compositores. De Bach, Vivaldi, Haydn y Händel. Pero, sobre todo, de Wolfgang Amadeus Mozart y Ludwig van Beethoven. Sin ellos no se entiende el gran *boom* musical del siglo siguiente. Mozart nació primero (Salzburgo, 1756), vivió rápido, exprimió su tiempo al máximo y murió con apenas treinta y cinco años. Beethoven nació después (Bonn, 1770), vivió más lentamente y falleció con cincuenta y seis años, ya en pleno siglo XIX.

Aunque la imagen de Mozart que ha pervivido a través del tiempo es la de un joven genio preocupado únicamente por la música, lo cierto es que durante su corta vida no renunció a ningún placer terrenal. Y pocos placeres hay mejor valorados que la comida. Mientras la salud le respondió, Mozart fue un amante del buen comer. Se sabe que le encantaba el capón asado por las cartas que tanto él como su padre Leopold enviaban a sus respectivas esposas. Por esa misma correspondencia sabemos que le gustaba mucho la carne. Además del capón (gallo castrado), disfrutaba de las albóndigas de hígado de ternera, típicas de Alemania y Austria, de carne de caza como el faisán o de unas buenas chuletas de cerdo o ternera. Resulta gracioso que, como *foodies* del siglo XVIII, padre e hijo rememoren sus comidas a través de sus cartas, tanto las buenas como las malas experiencias. Por ejemplo, de gira por Roma, Leopold escribe a su esposa en mayo de 1770; le comenta que Wolfgang (con catorce años) ha crecido un poco y que ambos (con cierta resignación) se han acostumbrado a la comida italiana.

Los genios se miran

Al igual que Mozart, Beethoven fue un niño prodigio. Con diecisiete años, tocó en Viena ante su ídolo Mozart. Este, con treinta y un años, era ya una celebridad y halagó al que sería su sucesor. Ambos saborearon las mieles del éxito demasiado jóvenes, vivieron momentos de gloria y penumbra para sucumbir, finalmente, a su frágil estado de salud. Durante los últimos meses de su vida, un Mozart agónico compuso un *Réquiem* por encargo, que pasará a la historia como si lo hubiera creado para sí mismo.

La sordera y la depresión marcarán la vida y obra de Beethoven. A los veintidós años perdió a sus padres y dos años después se quedó parcialmente sordo. Alcanzó el éxito absoluto con sus obras, pero su salud no le dio un respiro. En 1824, totalmente sordo y emulando a su admirado Mozart, creó una última obra maestra para la eternidad: la *Novena Sinfonía*. Con estos antecedentes, ¿disfrutaría Beethoven de los placeres de la mesa como Mozart? Se sabe que le gustaba ir de restaurantes prácticamente a diario, por lo que comer debió de ser un hecho significativo en su vida. Tuvo épocas malas económicamente hablando. De hecho, la escasez de dinero fue una de sus máximas preocupaciones, algo en lo que nuevamente vuelve a coincidir con Mozart. En esas épocas de vacas flacas, dejaba de ir a restaurantes y contrataba a un cocinero personal. Aunque cueste creerlo, resultaba bastante más barato que salir a comer fuera.

Beethoven era refunfuñón y caprichoso, cambiaba de servicio (y seguramente de restaurante) con bastante asiduidad. Sobre sus comidas favoritas se sabe que le gustaban las sopas, el pescado, los huevos y el queso. El vino era otra de sus debilidades. Es difícil concretar mucho más en este punto, pues su primera biografía (escrita por su supuesto amigo Anton Schindler) ha sido puesta en duda casi en su totalidad, pero eso no ha evitado que haya contaminado muchas de las fuentes posteriores.

Europa en guerra perpetua

Durante el siglo XVIII Europa progresa ostensiblemente hacia un mundo más justo y seguro, pero las guerras no descansan: la guerra de Sucesión española, que involucrará también a Austria, Francia y el Reino Unido; las de Rusia contra Suecia y los turcos; las guerras de sucesión polaca y austríaca; la Revolución francesa; las primeras conquistas napoleónicas y todos los conflictos que las propias potencias europeas mantuvieron en el resto de los continentes, especialmente en América.

Los personajes históricos que gobernaron en sus respectivos países durante este siglo absolutamente transcendental determinaron, con su conducta, el devenir de la humanidad: Luis XIV (el Rey Sol) y Napoleón Bonaparte en Francia, Pedro el Grande y Catalina la Grande en Rusia, Federico II en Prusia, Carlos VI en Austria, Jorge III en el Reino Unido, Felipe V y Carlos III en España, el emperador Qianlong en China o George Washington en los recién creados Estados Unidos de América.

Rossini, el gran comilón

Pero de todos los compositores que ha habido, nadie puede, gastronómicamente hablando, ni siquiera acercarse al gran Gioachino Rossini (1792-1868). Al genio italiano le chiflaba la comida más que cualquier otra cosa en el mundo. Su característica oronda figura da muestra de su enorme afición por comer. Comió tanto y tan bien que incluso propició la creación de diversos platos apellidados «a la Rossini». Los cocineros estaban encantados con él, no solo por su voraz apetito, sino por las ideas de recetas que les daba. El *foie* y la trufa fueron sus ingredientes fetiche, hasta el punto de que toda preparación con esos dos ingredientes podría considerarse como un plato «a la Rossini». Según Rossini, la trufa era «el Mozart de los hongos». Su buena posición económica le permitió disfrutar de estos manjares en los mejores restaurantes de París, ya por aquel entonces la capital de la gastronomía mundial.

En el cine

La película más famosa realizada sobre Mozart es *Amadeus*, oscarizada producción dirigida por el checo Milos Forman en 1984. Narra la supuesta mala relación, más leyenda que realidad, entre Antonio Salieri y Mozart, fruto de los celos del primero. Se ajuste o no a los hechos históricos, es una muy buena película, con una espectacular recreación de la época.

Sobre Beethoven, encontramos como película más destacada *Un gran amor de Beethoven* (*Un grand amour de Beethoven*), dirigida por Abel Gance en 1936. Un precioso homenaje a la música del genio alemán, sin suerte en el amor a pesar de su gran éxito entre las mujeres. «La música me condena a vivir», dice en un momento del filme.

TURNEDÓ ROSSINI

Esta es la preparación más paradigmática de los platos «a la Rossini». Se conoce como «turnedó» un corte de la parte central del solomillo del buey o la ternera, como un medallón. Muchas veces se sirve envuelto en una lámina de tocino.

1 ración

20 minutos

Ingredientes

- 1 turnedó de ternera de 3 cm de grosor
- *foie* fresco
- trufa *melanosporum*
- 1 rebanada de pan de molde
- mantequilla
- 200 ml de Pedro Ximénez
- aceite de oliva
- pimienta negra
- sal en escamas

Preparación

Atamos con hilo de cocina el turnedó para que mantenga la forma. Lo ideal es sacar el solomillo de la nevera 1 hora antes de cocinarlo para que se atempere.

Ponemos una sartén al fuego con una cucharada de mantequilla y freímos en ella la rebanada de pan de molde, a la que le hemos dado forma redonda con un cortapastas o un vaso. Una vez dorada, la sacamos y reservamos en el plato de presentación.

Echamos un chorrito de aceite de oliva virgen extra en una sartén y sellamos el turnedó por todos los lados. Dependiendo del punto que nos guste la carne, la dejaremos más o menos tiempo. Salpimentamos y colocamos encima del pan de molde.

En la misma sartén echamos 200 ml de Pedro Ximénez junto con una cucharada de mantequilla. Dejamos reducir a fuego medio para desglasar los jugos de la carne. Cuando veamos que empieza a espesar, retiramos del fuego y echamos en una salsera.

En otra sartén al fuego marcamos el *foie* vuelta y vuelta, apenas 30 segundos por cada cara. Colocamos justo encima del tournedó, echamos unas escamas de sal, un poco de pimienta negra recién molida, salseamos con la reducción de Pedro Ximénez que teníamos reservada y, por último, laminamos la trufa.

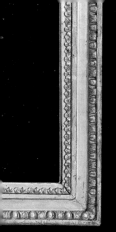

Napoleón Bonaparte

Un pollo para conmemorar una batalla

Fue famoso por su inteligencia y grandes dotes de estrategia militar, por sus conquistas por toda Europa y el Mediterráneo, y por su gran aceptación entre los franceses, especialmente entre las clases más humildes. He aquí uno de los personajes más influyentes de la historia: Napoleón Bonaparte, el ambicioso general que acabó proclamándose emperador de Francia.

Era muy exigente con todo aquel que le rodeaba, así que es fácil imaginar que solo los mejores permanecían a su servicio. Eso incluye a los mejores cocineros, el mejor producto y las mejores recetas. Se dice, sin embargo, que Napoleón no era precisamente un gran gastrónomo.

En aquella época aún se servía a la francesa, por lo que normalmente se disponía de un bufet con multitud de elaboraciones y cada comensal iba picando lo que le apetecía. Obviamente, hablamos de las élites. Los soldados o la gente de a pie debían conformarse con pan, arroz, verduras y algo de carne.

De Napoleón se sabe que comía de la misma forma que dormía: rápido y mal. Su única obsesión era el trabajo. Y su trabajo consistía, básicamente, en conquistar y dominar el mundo. El plato favorito de Napoleón era el pollo asado, así que no debía de ser difícil complacerle en la mayoría de las ocasiones.

El pollo a la Marengo

Uno de los platos más curiosos de la época es el pollo a la Marengo, cuyo nombre es un homenaje a una de las grandes gestas militares de Napoleón.

Aunque hay fuentes que ponen en duda esta historia, parece ser que la receta debe su origen a la batalla de Marengo, en Italia, donde los franceses ganaron en inferioridad de fuerzas al ejército austríaco el 14 de junio del año 1800.

El cocinero de Napoleón, tras quedarse sin víveres, mandó a sus ayudantes a las granjas de la zona en busca de comida. Con lo que le trajeron hizo un sencillo guiso de pollo al que añadió huevos, pan tostado y cangrejos de río. Al emperador le encantó. Había nacido el pollo a la Marengo, y con ese nombre quedará grabado en los recetarios de cocina. La receta que ha sobrevivido hasta nuestros días, sin embargo, no es la del cocinero de Napoleón, sino la del gran Auguste Escoffier.

Napoleón en Rusia

Tras poner Europa a sus pies, Napoleón y su ejército se dirigieron a Rusia en 1812. Cuando Napoleón llegó a Moscú los rusos salieron por patas, pero previamente habían dejado la ciudad quemada y sin comida. El invencible ejército francés sucumbió, curiosamente, por la escasez de alimentos más que por el empuje del ejército rival. Fue el principio del fin del Imperio napoleónico.

Cuenta la leyenda que, tras volver de su primer destierro, Napoleón exigió comer pollo a la Marengo antes de la decisiva batalla de Waterloo. No pudieron satisfacer su capricho, pues faltaban ingredientes importantes. Y ya todos sabrán cómo acabó aquella historia, con el ejército francés aniquilado y Napoleón desterrado en la lejana isla de Santa Elena hasta su muerte el 5 de mayo de 1821. Su última cena constó de hígado, costillas de cerdo, riñón salteado, huevos, tomates y pan de ajo.

En el cine

Napoleón (1927) es la obra maestra del gran director francés Abel Gance. Casi cuatro horas de duración dedicadas a la vida y gestas militares del emperador en una de las obras más ambiciosas de la historia del cine. El propio Gance volvió a Napoleón en 1960 con la igualmente ambiciosa, aunque no tan brillante, *Austerlitz*.

Ha habido muchos más acercamientos a la figura de Napoleón. Tras la película de Abel Gance, una de las biografías más destacadas es la que hizo Sacha Guitry en *Napoleón* (1955), muy interesante y complementaria a la de Gance. Sin embargo, la película más famosa sobre el emperador francés nunca se llegó a realizar. La iba a rodar Stanley Kubrick, quien se había documentado como nadie para un proyecto que debía ser grandioso y en el que trabajó durante gran parte de su carrera. Pero la ambición del director neoyorquino era tan desmedida que no encontró financiación.

Otra película destacada sobre la época napoleónica es *Guerra y paz* (*War and Peace*, 1956), donde King Vidor adapta brillantemente la famosa novela de León Tolstói, dirigiendo a un elenco de lujo: Audrey Hepburn, Henry Fonda, Mel Ferrer, Vittorio Gassman, Anita Ekberg y Herbert Lom como Napoleón.

POLLO A LA MARENGO

Hoy en día, el pollo a la Marengo se suele servir sin sus acompañamientos originales: ni cangrejo, ni huevo ni picatostes. Queda un guiso tradicional muy rico y para todos los gustos, recomendable para cualquier tipo de ocasión. Sin embargo, aquí optaremos por recrear la receta inicial con un único cambio: sustituiremos los cangrejos de río por langostinos.

Los langostinos le van mucho mejor al guiso, además de ser más fáciles de encontrar en cualquier pescadería. Así ya tendríamos un mar y montaña bastante completo. Tanto los huevos como los picatostes son una aportación extra totalmente opcional, dependiendo de cuánto queramos acercarnos a la receta que comió Napoleón.

Preparación

Limpiamos los champiñones, los troceamos y los salamos al gusto. Ponemos una cacerola con un chorrito de aceite de oliva virgen extra y los salteamos hasta que estén cocinados. Reservamos.

En la misma cacerola añadimos un chorrito de aceite de oliva virgen extra. Salpimentamos el pollo troceado y sin piel y lo doramos en la cacerola. Retiramos el pollo y lo reservamos.

En la misma cacerola agregamos un poco más de aceite para sofreír las verduras. Echamos un diente de ajo muy picado. Cuando esté dorado incorporamos la cebolla muy picada. Salamos ligeramente y dejamos sofreír. Cuando empiece a transparentar incorporamos la zanahoria pelada y también muy picada. Dejamos sofreír 10 minutos e incorporamos el *bouquet garni* (un ramillete con una rama de tomillo, una de romero y un par de hojas de laurel

Ingredientes

- 1 pollo troceado
- 1 cebolla grande
- 1 diente de ajo grande
- 1 zanahoria
- 1 *bouquet garni* (tomillo, romero, laurel)
- ½ kg de tomate triturado
- 200 ml de vino blanco
- 300 ml de caldo de pollo
- 300 g de champiñones
- 2 rebanadas de pan de molde
- 4 huevos
- 8 langostinos grandes
- aceite de oliva
- pimienta
- sal
- mantequilla

4 personas

120 min

atadas con un hilo de uso alimentario). Incorporamos también el tomate triturado. Dejamos sofreír 10 minutos más a fuego fuerte e incorporamos el vaso de vino blanco. Dejamos reducir 5 minutos a fuego fuerte.

Ponemos el pollo nuevamente en la cacerola, incluido el jugo que haya soltado. Incorporamos los champiñones que teníamos reservados. Cubrimos con 300 ml de caldo de pollo. Tapamos y dejamos cocinar a fuego lento durante 1 hora.

Unos 5 minutos antes de que finalice la cocción, incorporamos los langostinos previamente limpios y salados. Es recomendable cortarles el bigote y las patas para que no caigan en el guiso. Reservamos.

Hacemos unos picatostes a la francesa, que no son más que unos palitos de pan de molde dorados en la sartén con un poco de mantequilla.

Descubre más

Por último, cocinamos un huevo a la plancha por comensal. Para ello pintamos una sartén con un poco de aceite de oliva y cocinamos los huevos con un poco de sal.

Colocamos el guiso de pollo en el fondo de una fuente de presentación grande. Coronamos el plato con los huevos y rematamos con los picatostes.

Las mejores recetas de la historia

SIGLO XIX

Marie Curie

Científica y ama de casa

Mujer, extranjera y pobre. A estas tres variables tuvo que hacer frente Maria Sklodowska a su llegada a Francia. El talento y la constancia serán sus mejores armas para combatirlas y convertirse en uno de los científicos más importantes de la historia.

Nació en Varsovia (Polonia) en 1867, en el seno de una familia acomodada caída en desgracia, tanto en lo económico como en lo personal, lo que hizo que Marie viviera una infancia y juventud sin penurias, pero también sin grandes alegrías. Una familia de su posición comería platos típicos de la época como los *pierogi* con sus diferentes rellenos, las salchichas, la sopa de remolacha, las albóndigas de patata, el *bigos* (o estofado de carne con chucrut), los arenques en aceite, los filetes empanados o el pastel de queso vienés.

Realmente Polonia, como zona de paso y conquista, tiene una cocina muy variada, influenciada por rusos, austrohúngaros, turcos, italianos, franceses...

El asalto a París

La obsesión de Marie era la ciencia, pero, sin dinero suficiente para formarse en su país, se dedicó a estudiar por su cuenta o en escuelas no oficiales, para finalmente marchar a París en busca de oportunidades. Pasó una primera etapa de enorme sacrificio, en la que apenas comía y dormía. Un bollo de pan y mantequilla era casi su única dieta como estudiante en la ciudad del amor.

Finalmente conoce a Pierre Curie, con el que formará una familia y un incansable equipo de trabajo. Juntos descubrieron el radio en 1898, de innumerables aplicaciones en el futuro, muy especialmente en el tratamiento contra el cáncer. Su alimentación se amplió entonces a huevos, fruta y queso hasta que recibieron el premio Nobel de Física en 1903 por sus descubrimientos, lo que mejoró notablemente su calidad de vida.

De Marie Curie todas las fuentes destacan su enorme capacidad de trabajo. A ello contribuía el hecho de ser mujer en una época en la que estas eran excluidas sistemáticamente de campos como la ciencia, lo que obligó a Curie a esforzarse el doble para poder hacerse un hueco. Fue la primera mujer en ganar un Nobel y la primera persona en ganar dos en distintas categorías, pues también recibió el de Química en 1911.

Madre y ama de casa incansable

Marie repartía su tiempo entre sus labores como investigadora, profesora y ama de casa. En esta última faceta destaca su afición por la cocina, en especial por platos tradicionales polacos de su infancia que hacía con frecuencia para sus dos hijas. Y si de platos polacos hablamos, no hay ninguno más típico que los *pierogi*. El relleno de los *pierogi* navideños suele ser de chucrut y setas. Sin embargo, el relleno más popular es el de patata, cebolla y queso. Los hay también de carne picada.

Tras la muerte por accidente de Pierre, Marie Curie siguió viviendo de forma modesta y entregada por completo a su trabajo y sus hijas. También se encargaría, durante la Primera Guerra Mundial, de montar varios equipos de rayos X portátiles, los llamados Petites Curies, decisivos para ayudar a los médicos en el frente. En esta increíble aventura la acompañó su hija Irene, otra futura Premio Nobel.

No es hasta los últimos años de su vida, siendo ya una celebridad mundial, cuando Marie Curie se dedicará a viajar por todo el mundo para dar conferencias o asistir a eventos de recaudación de fondos, donde será recibida por los más altos mandatarios y hará amistad con personas de la talla de Albert Einstein.

Sus detractores (que también los tuvo, como todo aquel que tiene éxito) la llamaban, de forma despectiva, «judía» o «rusa», aunque no fuera ninguna de las dos cosas. También la denigraron con otros calificativos bastante más desagradables, por un *affaire* que tuvo siendo ya viuda. El tiempo, poco a poco, fue poniendo las cosas en su sitio.

Ella siempre admitió que su época más feliz fue cuando trabajaba junto a su marido en un pequeño y poco confortable laboratorio cedido por la Escuela Superior de Física y Química de París, y en donde hicieron sus mayores descubrimientos.

El recetario radiactivo

Marie Curie murió en 1934 a los sesenta y seis años, víctima de la continua exposición a la radiación que sufrió durante sus experimentos. En la época se desconocían estos peligros. Su recetario personal de cocina (junto con otros documentos) se encuentra protegido en cajas de plomo por la alta radiación que contienen. Ahí estará escrita la receta de sus *pierogi*, que esperemos no fueran muy diferentes de los que os mostramos a continuación.

En el cine

Hay varias biografías de Marie Curie llevadas al cine, pero quizá la más destacada sea *Madame Curie*, dirigida por Mervyn LeRoy en 1943 y protagonizada por Greer Garson y Walter Pidgeon.

No deja de ser el típico *biopic* hollywoodiense muy del gusto de la época, no en vano llegó a estar nominada al Oscar a mejor película. En cualquier caso, resulta muy entretenida y agradable de ver.

PIEROGI DE PATATA Y QUESO

👤 **4 personas**

🕐 80 min

Ingredientes
(para 20 unidades)

PARA EL RELLENO
· 400 g de patata
· 70 g de queso feta
  o similar
· 60 g de queso cheddar
· 1 cebolla
· aceite de oliva
· sal

PARA LA MASA
· 240 g de harina de trigo
· 1 huevo L
· 105 ml de agua tibia
· 1 cdta. de sal

PARA SERVIR
· perejil o cilantro fresco

A simple vista, pueden parecer dumplings asiáticos, pero en realidad no tienen nada que ver, únicamente tienen en común la forma. Los pierogi *son muy populares en Polonia, y también en Estados Unidos, debido a la fuerte inmigración polaca. La famosa cocinera Martha Stewart (de padres polacos) tiene varias recetas de* pierogi *publicadas.*

El relleno tradicional es a base de patatas y queso. Una receta sencilla, a pesar de la masa casera, que queda muy rica y se puede acompañar de vuestra salsa favorita. Incluso se pueden comer así tal cual, están estupendos de cualquier manera.

Preparación

Preparamos la masa. Mezclamos en un bol la harina tamizada junto con la sal. Batimos el huevo ligeramente y lo incorporamos a la harina. Mezclamos un poco con las manos y, a continuación, vamos incorporando el agua poco a poco a la par que vamos amasando. Una vez que esté todo integrado, volcamos la masa sobre la superficie de trabajo y amasamos durante 10 minutos. Si veis que la masa está pegajosa, debéis ir añadiendo harina poco a poco, sin pasaros, hasta que deje de estarlo. Debe quedar una masa elástica y nada pegajosa. Reservamos tapada con un trapo limpio mientras preparamos el relleno.

Vamos con el relleno. Pelamos y cortamos las patatas en dados y las ponemos a hervir en abundante agua con sal durante 10-15 minutos. Lo ideal es pincharlas antes de apagar el fuego para ver si están tiernas. Las colamos y reservamos.

Picamos muy finamente la cebolla y la sofreímos en una sartén con un chorrito de aceite de oliva virgen extra. Salamos ligeramente y cocinamos a fuego medio-bajo hasta que la cebolla esté bien pochada y ligeramente dorada. La echamos en un colador para que escurra el poco aceite que pueda haber absorbido.

En un bol echamos el queso feta y lo aplastamos con un tenedor, incorporamos el queso cheddar rallado y los mezclamos. A continuación, pasamos las patatas por un pasapuré y las incorporamos al bol con los quesos. Mezclamos bien con ayuda de un tenedor. Probamos y rectificamos de sal si fuera necesario. Incorporamos por último la cebolla y volvemos a mezclar. Ya tenemos la mezcla lista para hacer los *pierogi*.

Recuperamos la masa y la dividimos en dos. Estiramos con un rodillo uno de los pedazos hasta conseguir una masa fina. Cortamos en círculos con ayuda de un aro, un bol o un vaso; lo ideal es cortar círculos de unos 8-10 cm.

Cogemos porciones de relleno y las colocamos en el centro del círculo, pintamos con la yema de los dedos el borde del círculo con un poco de agua y cerramos como una empanadilla. Dejamos el *pierogi* formado sobre papel vegetal enharinado. Seguimos los mismos pasos hasta acabar con la masa; con estas cantidades salen 20 unidades.

Ponemos un cazo al fuego con abundante agua con sal. Cuando veamos que el agua está caliente echamos los *pierogi*: la cantidad debe ser la que nos quepa sin que se amontonen. Veréis que se van al fondo, removemos un poco la cacerola para evitar que se peguen y los dejamos cocinar hasta que salgan a flote, señal de que ya están cocinados. Sacamos y dejamos escurrir en un plato.

Ponemos una sartén antiadherente con un poco de mantequilla o aceite de oliva, colocamos los *pierogi* y los doramos ligeramente por todos los lados. Espolvoreamos un poco de perejil o cilantro fresco picado. Servimos inmediatamente.

Las mejores recetas de la historia

La reina Victoria

Glotonería a la inglesa

Victoria I del Reino Unido reinó durante más de sesenta años sobre el mayor imperio jamás conocido: Gran Bretaña, la India, Oceanía, Canadá, gran parte de África y otros territorios desperdigados por el mundo. Fueron tantos los cambios y avances ocurridos durante su reinado que su nombre se asoció a toda una época: la victoriana. No tuvo prácticamente poder político, pero sí mucha influencia.

Mujer pequeña de estatura, pero con mucho carácter, tuvo nueve hijos y más de cuarenta nietos, bastantes de ellos bien repartidos por las casas reales europeas, de ahí que la llamaran la «abuela de Europa».

La gran glotona

En la mesa parece que era una auténtica tragona, especialmente tras la muerte de su marido, el príncipe Alberto. Los dulces eran su auténtica debilidad y, en concreto, dos preparaciones típicas inglesas de Navidad: el *pudding* y el *trifle*.

Aunque la reina Victoria siempre intentó guardar las apariencias y veló por valores como la familia, el honor y la austeridad, lo cierto es que con la comida no tenía control alguno: engullía todo lo que se ponía a su alcance. Los banquetes reales eran un auténtico festín, con cantidad y variedad garantizadas.

Comía de todo: carnes asadas, casquería, pescados, marisco, huevos, patatas... Pero el dulce era su perdición: galletas, bizcochos y pasteles no podían faltar a lo largo del día. Está documentado que, además de tostadas, huevos, queso y algún dulce, desayunaba ¡chuletas de cordero con patatas! Una glotona de campeonato.

A lo largo de la época victoriana se pasa del tradicional servicio a la francesa (tipo bufet) al servicio a la rusa (plato a plato). Un cambio que solo afectará a las clases altas, que seguirán despilfarrando comida y excesos como en muchas otras épocas de la historia. En la época se calcula que dos terceras partes de los británicos eran pobres y se alimentaban a base de pan, queso y patatas. La creciente clase media podía permitirse carne, pescado y postres.

Muerte dulce

La reina Victoria murió el 22 de enero de 1901 a los ochenta y un años, tras toda una vida de excesos con la comida. El *trifle* que presentamos a continuación, y que en su época ya era una auténtica bomba, no hay manera de aligerarlo sin renunciar al sabor.

Para que os resulte un postre de Navidad sabroso y digerible, el único secreto es comerlo con moderación. Seguro que merece la pena el sacrificio.

En el cine

Pocas biografías ha aportado el cine sobre la reina Victoria, y ninguna especialmente destacable. Un ejemplo sería *La reina Victoria* (*The Young Victoria*, 2009) de Jean-Marc Vallée, con Emily Blunt de protagonista.

Sobre la época victoriana tenemos bastante más suerte. *El hombre elefante* (*The Elephant Man*, 1980) es una de las obras maestras de David Lynch. Cuenta la triste historia real de Joseph «John» Merrick, cuya deformidad lo convirtió en una atracción de feria. ¡Impresionante película!

El libro de la selva (*The Jungle Book*, 1942) se basa en los relatos de la India colonial de Rudyard Kipling. La dirigió Zoltan Korda y ha tenido multitud de adaptaciones. Otra cinta ambientada en antiguas colonias británicas es *Greystoke, la leyenda de Tarzán* (*Greystoke: The Legend of Tarzan, Lord of the Apes*). Narra la famosa historia de E. R. Burroughs sobre un hombre criado por monos en la selva africana que es llevado a la Inglaterra civilizada. La dirigió Hugh Hudson en 1984.

No podían faltar en esta lista un par de adaptaciones de las obras de Charles Dickens, el mayor cronista de la época. Por ejemplo, *David Copperfield*, dirigida por George Cukor en 1935. Otro personaje clásico, Oliver Twist, fue llevado al cine por Roman Polanski en 2005.

TRIFLE DE NAVIDAD

Este contundente y calórico postre tiene una combinación de ingredientes que sorprenderá a todo aquel que lo pruebe. Diferentes texturas y sabores se mezclan y casan perfectamente: dulce, ácido, floral, suave, crujiente, amargo, ligero, denso... Las combinaciones cambian en cada cucharada, dependiendo de lo que con ella se coja.

Es una receta laboriosa, pero siempre tenéis la opción para vagos: comprar ya hechos el bizcocho, los amaretti, *la nata montada y unas natillas, juntar y presentar. Eso sí, si hacéis cada paso en casa vosotros mismos, el postre alcanzará un nivel prácticamente insuperable.*

8-10 personas
60 min
reposo
horneado

Ingredientes

· fresas
· almendras laminadas
· gelatinas de jengibre
· pétalos de flores comestibles
· jerez dulce

PARA EL BIZCOCHO

· 285 g de harina de trigo
· 16 g de levadura química (polvo de hornear)
· una pizca de sal
· 10 huevos L
· 300 g de azúcar
· 165 ml de leche tibia
· 1 cda. de extracto de vainilla

PARA LOS *AMARETTI* (12-15 unidades)

· 65 g de almendra molida
· 50 g de azúcar glas
· 1 clara de huevo L
· 6 gotas de esencia de almendra amarga

Preparación

Comenzamos con el bizcocho. Separamos las yemas de los huevos de las claras. Añadimos el azúcar a las yemas y batimos en la batidora hasta blanquear. Incorporamos la leche tibia y el extracto de vainilla sin dejar de batir. En otro bol mezclamos la harina, la levadura química y una pizca de sal. Tamizamos y lo incorporamos a las yemas batidas en 3 tandas batiendo a velocidad baja. En otro bol montamos las claras a velocidad baja hasta que empiecen a espumar. A continuación, montamos a velocidad alta. Hemos de conseguir picos firmes. Incorporamos las claras a la mezcla de las yemas en 3 o 4 tandas, poco a poco y con movimientos envolventes con ayuda de una espátula. Forramos con papel vegetal la base y paredes de un molde de aluminio de 20 cm. Colocamos la mezcla en el molde y lo metemos en el horno, precalentado a 180 °C, durante 1 hora, opción arriba-abajo. Una vez horneado, dejamos pasar 5 minutos y lo pasamos a una rejilla hasta que se enfríe. Para el *trifle* no vamos a necesitar todo el bizcocho, pero la

PARA LA CREMA INGLESA

· 125 ml de nata
· 125 ml de leche entera
· 1 vaina de vainilla
· 40 g de yemas
· 50 g de azúcar
· 1 cda. sopera de maicena

PARA LA NATA MONTADA

· 500 ml de nata para montar
· azúcar glas al gusto

Descubre más

buena noticia es que este bizcocho está buenísimo por sí solo, seguro que no os sobrará.

Continuamos con los *amaretti*. En un bol mezclamos con unas varillas la almendra molida y el azúcar glas. Montamos la clara de huevo y, cuando empiece a espumar, añadimos 6 gotas de esencia de almendra amarga. Montamos hasta conseguir picos firmes. Mezclamos las claras con la masa de almendras. Una vez mezcladas ambas elaboraciones pasamos todo a una manga pastelera. Si os queda demasiado líquida, siempre podéis añadir un poco más de almendra molida a la mezcla. En una bandeja de horno sobre papel vegetal vamos formando nuestros *amaretti*, cuyo pequeño tamaño es otra de sus características. Dejamos reposar la mezcla en la nevera toda la noche. Al día siguiente los llevamos de la nevera al horno, precalentado a 170 °C, durante 30-35 minutos. Dejamos enfriar y guardamos en un táper hermético hasta el montaje del *trifle*.

Ahora preparamos la crema inglesa. En un cazo al fuego echamos la nata y la leche. Cortamos una vaina de vainilla por la mitad y añadimos todas las semillas al cazo, así como la rama. Hay que calentar sin que llegue a hervir. La crema inglesa no lleva ningún espesante, excepto en su versión para el *trifle*, por lo que hemos de reservar un pelín de la leche y disolver 1 cucharada sopera de maicena. La incorporamos al cazo una vez disuelta. Mientras tanto, en un bol echamos las yemas junto con el azúcar. Batimos bien hasta blanquear. Dejamos entibiar la leche durante 15 minutos aproximadamente. La incorporamos a las yemas batidas a la vez que la colamos. Volvemos a echar la mezcla al cazo y la ponemos al fuego. Removemos sin parar hasta que alcance los 84 °C, justo en ese momento espesará. Si no tenéis termómetro, sobre todo, no lo dejéis hervir.

Vamos con la nata montada. Echamos en un bol la nata bien fría. Añadimos azúcar glas al gusto y batimos a máxima velocidad hasta que se haya montado bien. Una vez montada, pasamos la nata a una manga pastelera y reservamos en la nevera hasta el momento de utilizarla.

Por último, montamos el *trifle*. Ya tenemos todos los previos listos, así que solo nos quedará montarlo. Lo ideal es servirlo en una copa de cristal para que se vean todas las capas. Cortamos el bizcocho en dados iguales. Los ponemos en el fondo de las copas y regamos con jerez dulce. Dependiendo del tamaño de los *amaretti*, los podemos poner enteros o picarlos bruscamente. Además del peculiar sabor a almendra amarga, aportarán un toque crujiente. A continuación, echamos las fresas cortadas. Añadimos unas almendras laminadas y cubrimos con la crema inglesa. Acabamos de cubrir la copa con la nata montada, procurando que sobresalga del borde de la copa. Cortamos unas gominolas de jengibre, que nos van a servir para decorar nuestro *trifle*, y rematamos la presentación con los pétalos de flores comestibles.

«*Los dulces eran su auténtica debilidad y, en concreto, dos preparaciones típicas inglesas de Navidad:* el pudding y el trifle.»

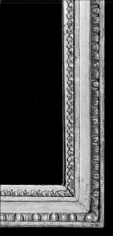

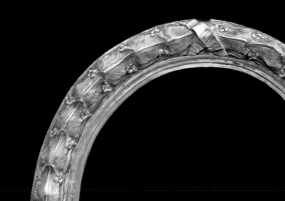

DEL SIGLO XVIII AL SIGLO XXI

De George Washington a Donald Trump

La comida favorita del presidente

En este capítulo daremos un pequeño paseo por la historia de Estados Unidos a través de la comida favorita de sus presidentes más famosos. No solo descubriremos qué platos les encandilaban a ellos, sino también a sus mujeres.

Empezamos por el primer presidente del país: George Washington, el héroe de la independencia. Fue un hombre de gustos sencillos, disfrutaba desayunando *pancakes* con mantequilla y miel. También le chiflaban los helados y los pasteles de cereza. Un presidente muy dulce. De salado, le gustaba especialmente el pastel de pescado. Tuvo graves problemas con su dentadura, lo que le impidió comer con normalidad durante gran parte de su vida. Su mujer, Martha, fue una gran fan de la repostería y la cocina inglesa.

En cambio, Thomas Jefferson, otro de los padres fundadores de la nación, fue un apasionado de las verduras y la cocina francesa. En su enorme huerto, cuidado por esclavos, cosechaba sus verduras favoritas: guisantes, tomates, boniatos, frijoles... Uno de los platos que no faltaban en su mesa eran los guisantes ingleses mentolados. De sus viajes por Europa se traía lo mejor: quesos, vinos, embutidos, recetas... ¡Un auténtico gourmet!

Siglo XIX

Como muchos otros, Andrew Jackson, el séptimo presidente, fue militar antes que político. Sus seguidores fundaron el Partido Demócrata. Le gustaba cocinar y comer, sobre todo carnes: pierna de cordero, jamón frito, estofado de pato o conejo eran algunas de sus muchas preferencias. Parece que sus banquetes y cenas de gala, con chef francés al mando, eran todo un festival.

Abraham Lincoln, inmortalizado en cientos de películas, probablemente sea el presidente más famoso de todos. Ganó la guerra de Secesión y abolió la esclavitud. Fue asesinado de un disparo en la cabeza mientras asistía a una representación teatral. Era un hombre de gran personalidad, pero de gustos sencillos en la mesa; se dice que apenas comía. Los historiadores coinciden en que su comida favorita era el pollo fricasé, un plato de procedencia francesa muy arraigado en Estados Unidos.

Ulysses S. Grant es otro de los grandes nombres recurrentes en el cine, pues fue general de Lincoln durante la guerra de Secesión. Se llevó a la Casa Blanca al cocinero del ejército, pero Julia (la primera dama) lo sustituyó al poco tiempo por un fino chef italiano que convirtió cada comida en un festín. Sin embargo, para el presidente Grant el mejor bocado siguió siendo un simple arroz con leche.

Siglo xx

Theodore Roosevelt fue uno de los presidentes más respetados y mejor recordados. Suya es la cuarta cara del monte Rushmore, junto a las de Washington, Jefferson y Lincoln. Fue aventurero, escritor, soldado, vaquero, deportista... Todo un derroche de vitalidad. Sin ser un gran sibarita, le gustaba mucho comer. Sobre todo, en cantidad. Era fanático del café y la leche, que bebía en enormes cantidades. Su comida favorita era el pollo frito con salsa blanca, otro plato clásico americano.

Por su parte, Woodrow Wilson, el presidente que metió a Estados Unidos en la Primera Guerra Mundial, era el menos gastrónomo de todos. No tenía ningún interés en la comida. Su desayuno consistía en apenas dos huevos crudos y su plato favorito era la ensalada de pollo. Parece que el helado de fresa era otra de sus sencillas predilecciones. Pero a Edith, su mujer, sí le gustaban la comida y preparar sus propias

recetas. Llegó a comandar el país durante un año y medio cuando su marido sufrió un ictus.

Franklin Delano Roosevelt está considerado, casi unánimemente, el mejor presidente de Estados Unidos. Sacó al país de la Gran Depresión y lo llevó al liderato mundial. Además, fue muy querido. Rompió la tradición de los dos únicos mandatos y se presentó a la reelección hasta en tres ocasiones, y todas las ganó. Murió poco antes del fin de la Segunda Guerra Mundial. Franklin y Eleanor, su mujer, eran de gustos muy americanos: pastel de carne, pudin, huevos revueltos, beicon, queso o dónuts para el desayuno eran algunas de sus preferencias. Todo muy básico, salpicado de vez en cuando con alguna exquisitez acorde a su posición: caviar, *foie* o sopa de tortuga. Eran tan americanos que llevaron de picnic a los mismísimos reyes de Inglaterra y les sirvieron un *hot dog*. Eleanor preparaba habitualmente el típico *pecan pie* americano.

Dwight Eisenhower fue el general que dirigió el decisivo desembarco de Normandía durante la Segunda Guerra Mundial y acabó gobernando el país más poderoso del mundo durante dos mandatos. En la cocina se desenvolvía con la misma soltura que en el campo de batalla. Parece que le encantaban los guisos de larga duración y los cocinaba él mismo para toda la familia. Sus favoritos: la sopa de rabo de buey y el estofado de ternera a la antigua. De la parte dulce se encargaba Mamie, su mujer, que preparaba su famoso *million-dollar fudge*.

Se dice que todo el mundo recuerda con exactitud lo que estaba haciendo cuando se enteró del asesinato de John Fitzgerald Kennedy; así de impactante fue su muerte. La llegada al poder de John y su glamurosa mujer Jackie cambió por completo la cocina de la Casa Blanca. Volvieron los platos franceses y los productos gourmet, como en la época de Jefferson. A Kennedy le gustaban mucho las sopas, especialmente las de pescado o marisco. También le pirraban la *vichyssoise*, el pollo al estragón y la *quiche* Lorraine. Todas recetas francesas puestas de moda en Estados Unidos por la gran Julia Child.

Durante la presidencia de Richard Nixon, el hombre pisó por primera vez la Luna y Estados Unidos se retiró de Vietnam, pero él siempre será recordado por los escándalos de los papeles del Pentágono y Watergate. Se cuenta que antes de firmar su dimisión desayunó cereales, fruta y café, como hacía habitualmente. Su plato favorito era el pastel de carne que preparaba Patricia, la primera dama. De hecho, la Casa Blanca tenía la receta impresa para enviarla a todo el que la pedía. Hoy, con internet, les hubiera bastado con colgarla en la web oficial.

Nos vamos directos a los ochenta, cuando un actor del Hollywood dorado se convirtió en el presidente del país. Como actor, Ronald Reagan nunca estuvo al nivel de Cary Grant, James Stewart o Gary Cooper, pero como político llegó a estar ocho años en la Casa Blanca. Nota solo para cotillas nostálgicos: estuvo casado con Jane Wyman, la mítica Angela Channing de *Falcon Crest*. Le encantaban los *mac and cheese*. Él y su segunda mujer, Nancy, disfrutaban de las típicas barbacoas en familia o en grupo, también muy americanas.

Entre George Bush padre y George Bush hijo, la Casa Blanca acogió a uno de sus inquilinos más carismáticos: Bill Clinton. Aunque pudiera parecer de gustos más refinados que los anteriores, a Bill le perdía la comida rápida: las enchiladas de pollo, los tacos y las hamburguesas eran su comida favorita. A Hillary le iban el cordero, los huevos revueltos y platos árabes como el *hummus* o el *baba ganoush*. Los dónuts eran una perdición para ambos.

Siglo XXI

Barack Obama fue el primer presidente negro. ¿Quién no recuerda su lema, «*Yes, we can*»? A los Obama les encanta ir a restaurantes de todo tipo y presumen de comer sano y variado. Sin embargo, no es ningún secreto que el expresidente siente debilidad por las hamburguesas. Durante su mandato se produjo la insólita imagen de verle haciendo cola en una hamburguesería de la cadena Five Guys. La hamburguesa que se pidió Obama era una *cheeseburger* con lechuga, tomate, jalapeños y mostaza. Probablemente esta sea la comida americana más internacional. Su sucesor en la presidencia, Donald Trump, también la tiene como su comida predilecta.

En el cine

Hay muchas, quizá demasiadas, películas con el presidente (ya sea real o ficticio) de Estados Unidos como protagonista. Sobre Nixon y el escándalo de Watergate tenemos *Todos los hombres del presidente* (*All the President's Men*, 1976), dirigida por Alan J. Pakula y protagonizada por Robert Redford y Dustin Hoffman. Del mismo presidente, pero cambiando de escándalo, tenemos *Los archivos del Pentágono* (*The Post*, 2017) de Steven Spielberg, con Tom Hanks y Meryl Streep encabezando el cartel.

También de Spielberg, podemos mencionar *Lincoln* (2012), la biografía del presidente más famoso, a quien da vida Daniel Day-Lewis. Sobre el mismo personaje encontramos toda una joya del cine clásico, *El joven Lincoln* (*Young Mr. Lincoln*). La dirigió John Ford en 1939, con Henry Fonda en la piel de un Abraham Lincoln idealista y solidario.

Finalmente, no podemos dejar de mencionar *JFK: Caso abierto* (*JFK*, 1992), donde Oliver Stone llevó al cine las irregularidades en la investigación del famoso magnicidio de Dallas. La protagonizó Kevin Costner.

PASTEL DE NIXON

6 personas

25 min

horneado

Ingredientes

- 900 g de carne picada de ternera y cerdo
- 3 rebanadas de pan de molde
- 100 ml de leche
- 2 huevos L
- 1 cebolla
- 2 ajos
- 30 g de mantequilla
- 2 cdas. soperas de aceite de oliva
- 35 g de tomate concentrado
- 2 puñados de pan rallado
- Un puñado de perejil fresco
- ½ cdta. de tomillo seco
- ½ cdta. de mejorana seca
- pimienta negra
- sal

No es de extrañar que esta receta tuviera tanto éxito en todo el país. Es un pastel de carne que queda muy jugoso, como si fuera una albóndiga gigante. Es ideal para preparar con antelación y, luego, simplemente calentar. Tus invitados se sorprenderán, pues su apariencia rústica engaña. Está rico y sabroso.

El acompañamiento perfecto para este plato es un puré de patatas o unas patatas al horno. Y un bocadillo de este pastel de carne, como si fuera una hamburguesa, también queda genial. Lo haréis una vez y se convertirá en uno de vuestros clásicos.

Preparación

En una sartén echamos la mantequilla y el aceite y ponemos a fuego medio. A continuación, sofreímos los ajos y la cebolla muy picados. Salamos ligeramente y vamos removiendo hasta que se haya dorado.

Mientras tanto, ponemos en remojo las rebanadas de pan con la leche y batimos ligeramente los huevos. Reservamos.

En un bol echamos la carne picada, mitad de ternera y mitad de cerdo. Incorporamos, escurrido, el pan que teníamos con la leche y el sofrito que hemos hecho anteriormente. Salpimentamos la carne al gusto y mezclamos bien con las manos. Incorporamos los huevos batidos, el tomate concentrado, las hierbas, el perejil picado y el pan rallado. Mezclamos bien.

Colocamos un poco de papel vegetal en un molde tipo *plum cake* de 21 × 9 cm o similar. Vamos rellenando con nuestra mezcla, cubriendo bien por todos los lados a la vez que vamos apretando.

Descubre más

Precalentamos el horno a 190 °C. Horneamos durante 1 hora en la parte inferior del horno. Sacamos una vez pasado ese tiempo, dejamos reposar 5 minutos, desmoldamos el pastel y dejamos enfriar 5 minutos más sobre una rejilla antes de cortarlo. Se puede servir caliente o a temperatura ambiente.

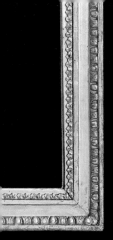
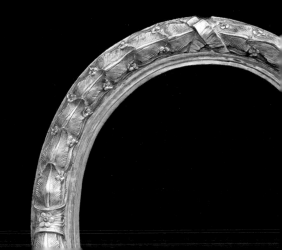

SIGLO XIX

La comida en el Salvaje Oeste

De Toro Sentado a Wyatt Earp

El Salvaje o Lejano Oeste fue una época mitificada por el cine norteamericano, hasta el punto de haber creado todo un género: el *western*. Fueron películas de la edad dorada de Hollywood, filmadas por grandes directores y protagonizadas por actores tan legendarios como John Wayne, Alan Ladd, Errol Flynn, James Stewart o Gregory Peck. Historias épicas de sheriffs, forajidos, vaqueros, indios, colonos, buscadores de oro, militares... Historias basadas en la llamada Conquista del Oeste del siglo XIX. Una época de tipos duros, de sangrientas batallas contra los nativos, de mujeres luchadoras, de valientes pioneros y de ambiciosos emprendedores. Hagamos un pequeño recorrido a través de los personajes reales que inspiraron aquellas películas, que convirtieron el *western* en el género cinematográfico por excelencia. ¡Bienvenidos al otro lado de la frontera!

Los «malos» de la película

Apaches, cheyenes, siux, arapahoes, navajos... En la conquista del territorio los indios fueron los grandes derrotados, ya que perdieron sus tierras y estilo de vida. Incluso su principal alimento, el bisonte, fue prácticamente exterminado por el hombre blanco. Los indios acabaron muy mermados y confinados en reservas. El cine los presentó normalmente como los malos de la película, algo que cambió drásticamente a partir de los años cincuenta con películas como *Centauros del desierto* (*The Searchers*, John Ford, 1956), *Apache* (Robert Aldrich, 1954), *La puerta del diablo* (*Devil's Doorway*, Anthony Mann, 1950) o *Flecha rota* (*Broken Arrow*, Delmer Daves, 1950).

Lo siux fueron la tribu más temida y guerrera. Su líder más carismático fue Toro Sentado, quien lideró la famosa batalla de Little Big Horn, donde los indios lograron una victoria histórica ante el séptimo de caballería. Caballo Loco, también siux, acabó en aquella batalla con la vida del general Custer, otro mito del Oeste. Toro Sentado acabó enrolado en el circo ambulante de Buffalo Bill, del que hablaremos más adelante.

Aparte del bisonte, la comida principal de los indios fueron otros animales salvajes como antílopes, osos, ciervos y peces de río. Los consumían asados o en guisos; una alimentación típica de nómadas. Crearon una especie de masa a base de carne seca, grasa y fruta que podía conservarse durante meses y que fue adoptada también por los primeros exploradores.

Otros indios míticos retratados por el cine fueron el siux Nube Roja y los apaches Gerónimo y Cochise. Ninguno de ellos murió en el campo de batalla, sino en tristes reservas o asesinados.

Aparece el *western sandwich*

Los pioneros y colonos fueron decisivos en la guerra contra los indios, pues fueron ellos quienes ocuparon sus territorios en busca de oro y tierras fértiles. Se trataba de gente (en muchos casos, familias enteras) sin nada que perder que atravesó el país en largas y durísimas caravanas. Se dice que su determinación, valentía y rudeza dieron forma al carácter de todo el país. Hay varias películas que los retratan, seguramente *Cimarrón* (*Cimarron*, 1960) dirigida por Anthony Mann y protagonizada por Glenn Ford, sea la más conocida.

La comida del pionero en plena travesía era básica y monótona. Las mujeres preparaban guisos, carnes asadas, mucho café y muchos dulces. ¿Vendrá de ahí la enorme afición de los norteamericanos por los dulces?

La construcción del ferrocarril fue también fundamental para llevar la civilización al Oeste y arrinconar a los nativos. La gran mayoría de los trabajadores eran inmigrantes chinos que dejaron su impronta en el país, muy especialmente en el terreno gastronómico. Muchos platos americanos fueron adaptaciones de platos tradicionales chinos. Uno de ellos podría ser el *western sandwich* o *Denver sandwich*, una variante de los huevos *fu yung* chinos. Fue creado por los cocineros chinos del ferrocarril y rápidamente se extendió por todo el Oeste. Hoy en día es un plato nacional. Sin embargo, algunos historiadores creen que, en realidad, fueron los pioneros quienes crearon el sándwich de camino a la frontera. Ante la escasez de huevos y el miedo a que se echaran a perder, optaban por rellenarlos con mucha cebolla, jamón y todo lo que tuvieran a mano. Es curioso que haya dos versiones tan dispares sobre un plato tan sencillo, por lo que es posible que inmigrantes chinos y pioneros americanos llegaran a hacer una elaboración parecida sin necesidad de encontrarse. El huevo era un alimento muy valorado, y los acompañamientos son bastante básicos. Al final, no es más que una tortilla entre dos panes.

La preparación es realmente muy fácil. Se cocinan el pimiento y la cebolla hasta que estén tiernos. Se añade el jamón cocido. Se baten los huevos con un poco de sal y pimienta, se echan a la sartén y se hace una tortilla o unos huevos revueltos. Se rellenan los panes y listo.

El circo de los mitos

William F. Cody, más conocido como Buffalo Bill, es un personaje crucial para entender la mitificación del Salvaje Oeste. Creó un espectáculo circense que recorrió todo el país durante más de veinte años, en el que participaron protagonistas reales como Toro Sentado o Calamity Jane. Él mismo fue también famoso como explorador y cazador de bisontes. Tuvo mucho trato y relaciones con los indios, por lo que se aficionó a su estilo de comida. El café y el vino también le encantaban.

Los *cowboys* o vaqueros eran los encargados de cuidar y transportar el ganado. Trabajaban para pequeños y grandes ganaderos. Destacaban por ser excelentes jinetes y por pelearse cada noche entre ellos en el salón o burdel de turno. Eran tipos realmente duros, muy trabajadores y unos artistas con el lazo. Además, eran buenos cocineros.

El estofado es el plato estrella del Oeste y, sin duda, el más visto en el cine. Lo preparaban al aire libre con la olla suspendida sobre el fuego y podía hacerse con muchos tipos de carne, aunque la más común es la de ternera. Es un guiso a fuego lento, extremadamente reconfortante.

Calamity Jane fue la mayor leyenda femenina del Salvaje Oeste. Nacida como Martha Jane Canary, fue exploradora y aventurera, participó en las guerras indias y se le suponen numerosas hazañas. También fue prostituta y bailarina.

Acabó sus días en el circo de Buffalo Bill. En el cine fue encarnada, entre otras, por Jean Arthur, Yvonne de Carlo, Jane Russell y Doris Day. Le gustaban la bebida, los salones y estar rodeada de hombres. ¿Su comida favorita? La sopa de ostras, plato que compartía (además de la cama) con nuestro siguiente personaje: James Butler Hickock, más conocido como Wild Bill.

El pistolero más rápido del Oeste

James Butler Hickock es uno de los pistoleros más recordados del Viejo Oeste. Otro que hizo de todo: fue sheriff, conductor de diligencias, explorador y jugador de póquer. Precisamente murió durante una partida, asesinado por la espalda, en la ciudad de Deadwood. Gary Cooper, entre otros, lo interpretó en la gran pantalla.

Pero Wyatt Earp es, seguramente, el personaje más cinematográfico de todos. No bebía y le chiflaban los helados. Fue encarnado, entre otros, por Henry Fonda y Burt Lancaster, y protagonizó el duelo más famoso del Oeste, aquel que le enfrentó junto a Doc Holliday ante los hermanos Clanton en el O.K. Corral. El gran John Ford conoció a Earp en persona, y recreó el duelo de O.K. Corral en su fabulosa película *Pasión de los fuertes* (*My Darling Clementine*, 1946).

No se puede hablar del Lejano Oeste y pasar por alto a los forajidos y bandidos. Asaltaban diligencias y trenes, atracaban bancos o robaban ganado. La frontera fue, durante un tiempo, como un refugio para todos ellos. El cine retrató a tantos bandidos que se hace difícil elegir solo a uno, pero si hay que elegir al más famoso, ese no es otro que Jesse James.

Junto a su hermano Frank y los Younger formó la banda más legendaria del Oeste, célebre en vida y mitificada luego en las novelas y el cine. No fue apresado y acabó siendo asesinado a traición por el cobarde Robert Ford. Lo llegaron a interpretar Tyrone Power, Robert Wagner y, más recientemente, Brad Pitt. La madre de Jesse y Frank James, Zerelda, era una gran cocinera y sus hijos pasaban en su granja largas temporadas escondidos. Cocinaba prácticamente de todo, pero uno de sus platos estrella era el *cobbler* de moras, típico del Oeste.

Otro forajido famoso fue Billy el Niño, cuatrero y asesino de sheriffs. La leyenda cuenta que mató a veintiún hombres, pero solo están documentados cuatro. Murió a los veintiún años a manos del sheriff Pat Garrett, quien lo persiguió sin descanso hasta acabar con él. Grandes directores como King Vidor o Sam Peckinpah llevaron sus andanzas al cine, y actores tan sexis como Paul Newman o Kris Kristofferson lo encarnaron. A Billy le encantaba la comida mexicana: enchiladas, guacamole, tacos, quesadillas o chiles rellenos.

Más cine

La historia del *western* tiene un referente claro: John Ford. Su obra marcó la evolución del género, desde 1939 con *La diligencia* (*Stagecoach*) hasta 1962 con *El hombre que mató a Liberty Valance* (*The Man Who Shot Liberty Valance*). A su lado caminaron otros grandes maestros como Raoul Walsh, Howard Hawks, Anthony Mann o Henry Hathaway. Luego llegaron los «violentos» Sam Peckinpah, Robert Aldrich, Budd Boetticher y Sergio Leone. Finalmente, el género descansó en las manos de Clint Eastwood y el último gran *western* crepuscular, *Sin perdón* (*Unforgiven*, 1992).

Las mejores recetas de la historia

ESTOFADO VAQUERO

6-8 personas

80 min

Ingredientes

- 1 kg de carne de ternera
- 200 g de judías rojas cocidas
- 4 patatas medianas
- 3 zanahorias
- 1 cebolla
- 1 l de caldo de carne
- 2 dientes de ajo
- 2 hojas de laurel
- 2 cayenas
- 1 cda. de tomate concentrado
- harina de trigo para rebozar
- aceite de oliva
- pimienta negra
- sal

Aunque con sus propias particularidades, el estofado de los vaqueros recuerda mucho a nuestros propios estofados. Seguramente sea una huella de la presencia de los españoles en aquellas tierras. No es de extrañar que fuera el plato por excelencia del Lejano Oeste, pues es una comida rica, completa y absolutamente reconfortante.

La receta es muy sencilla de hacer, ideal para días de frío o para sentirse como uno de esos duros vaqueros que recorrían con su ganado el Oeste americano.

Preparación

Quitamos la grasa exterior de la carne de ternera y la cortamos en dados de 1 cm aproximadamente. Salpimentamos al gusto y pasamos los dados por harina, retiramos el exceso. En la misma olla donde vayamos a hacer el estofado echamos 4 cucharadas de aceite de oliva virgen extra y doramos la carne por tandas. La reservamos en un plato.

Echamos un poco más de aceite en la olla y sofreímos el ajo picado junto con la cebolla y un par de cayenas. Pelamos y cortamos en dados pequeños las zanahorias. Una vez dorada la cebolla, incorporamos las zanahorias y el tomate concentrado, removemos y sofreímos durante 10 minutos.

Transcurrido ese tiempo, echamos toda la carne nuevamente a la olla, incluido el jugo que haya soltado. Añadimos el caldo y el laurel. Tapamos la olla y dejamos cocinar durante 30 minutos a partir de que salga el pitorro en caso de usar una olla rápida. En una olla normal serían 2 horas a fuego medio-bajo.

Descubre más

Pelamos las patatas, las cortamos en cubos de 1 cm aproximadamente y las reservamos en un bol con agua hasta el momento de cocinarlas. Pasado el tiempo de cocinado, incorporamos las patatas y las dejamos cocinar de 15 a 20 minutos dependiendo del tamaño. Cuando estén tiernas, incorporamos las judías rojas ya cocidas y dejamos cocinar 5 minutos más.

Las mejores recetas de la historia

COBBLER DE ARÁNDANOS

 6-8 personas

🕐 15 minutos

Zᶻᶻ reposo

🔲 horneado

Ingredientes

· 315 g de arándanos
· 150 g de harina de trigo
· 200 ml de leche
· 80 g de mantequilla derretida
· 120 g de azúcar moreno
· 12 g de levadura química (polvos de hornear)
· 3 g de sal
· nata fresca o crema agria

La receta del cobbler *de moras de Zerelda James ha sobrevivido hasta nuestros días, tras ser recuperada de la granja en la que vivió la familia. Aquí vamos a usar esa misma receta cambiando las moras por arándanos. El toque ácido y caliente del arándano contrasta con el agrio y frío de la nata fresca.*

Es un postre tan sencillo que sorprende a todo aquel que lo prueba. Lógicamente, se pueden cambiar los arándanos por cualquier otra fruta. El resultado será igual de fabuloso.

Preparación

En un bol echamos los arándanos junto con el azúcar, mezclamos bien y dejamos reposar 30 minutos.

En otro bol echamos la harina tamizada junto con la sal y la levadura química. Mezclamos. Incorporamos la mantequilla derretida y vamos mezclando con unas varillas a la vez que incorporamos la leche a temperatura ambiente. Poco a poco se irán deshaciendo todos los grumos hasta que quede una masa lisa y espesa.

Precalentamos el horno a 185 °C, opción arriba-abajo.

Echamos la masa en el fondo de una bandeja apta para el horno. Alisamos con ayuda de una espátula. Esparcimos por toda la superficie los arándanos. Horneamos durante 45 minutos en la parte media del horno.

Servimos caliente o templado acompañado de nata fresca o crema agria.

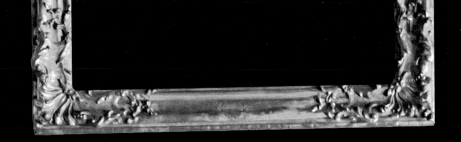

SIGLO XIX

Claude Monet y los impresionistas

Francia en el centro del mundo

Cuando en 1874 un grupo de jóvenes pintores se juntaron en París para realizar una exposición de forma independiente, seguro que no llegaron a imaginar que acabarían revolucionando el mundo del arte. Su forma de entender y plasmar la luz, sus pinceladas rápidas, el uso de colores vivos o la apuesta por encuadres nuevos y atrevidos se toparon de frente con la crítica más conservadora. Sin embargo, poco a poco y cada uno por su lado, fueron alcanzando el más increíble de los éxitos.

A lo largo del siglo XIX los franceses se habían hecho con el mando de la cocina mundial. Ahora, la pintura y el arte en general buscaban recorrer el mismo camino. Sus pintores impresionistas acabarían por influir tanto como sus cocineros. A continuación, repasamos los nombres más destacados.

Los cinco magníficos

Aunque oficialmente no formó parte del grupo, Edouard Manet fue una de las figuras principales y más influyentes del movimiento. Nació en París en el seno de una familia acomodada. Destacó especialmente por cuadros que causaron mucha polémica, como *Almuerzo sobre la hierba* u *Olympia*, rechazados (como muchos otros) por el Salón Oficial. Recibió la influencia de Velázquez y Goya y murió en 1883, justo cuando empezaba a ser reconocido. Pintó muchos cuadros con contenido gastronómico, como *El bar del Folies-Bergère* o *Almuerzo en el estudio*, o alguno de sus bodegones: *El brioche*, *El espárrago* o *Anguila y salmonete*.

Edgar Degas fue el único del grupo que renunció a pintar al aire libre. Nacido en París, de familia noble, su forma de comportarse y vestir era recatada, clásica y elegante, nada que ver con el resto del grupo, que eran bohemios y aventureros. Fue un pintor meticuloso, obsesivo y perfeccionista, muy influido por los maestros italianos del Renacimiento. Sus últimos años los pasó solo, casi ciego y creando, sin saber que se convertiría en uno de los pintores más influyentes del siglo XX.

Paul Cézanne fue otro perfeccionista como Degas. De carácter tosco, en París solo le gustaba visitar el Louvre, por lo que pasó la mayor parte del tiempo pintando al aire libre en el sur de Francia junto a su amigo Camille Pissarro. Nació en la Provenza, en el seno de una familia adinerada de la que vivió prácticamente toda su vida. El éxito no le llegó hasta sus últimos años, cuando se había ganado la fama de pintor fracasado. Su influencia llegaría hasta el mismísimo Picasso.

Los bodegones y naturalezas muertas son, quizá, su mayor seña de identidad: *Bodegón con puchero*, *La mesa de cocina*, *Manzanas y bizcochos* o *Cesto de manzanas*.

Nacido en Limoges, aunque criado en París, hijo de un sastre y una obrera, Pierre-Auguste Renoir se ganó la vida por sí mismo, siempre pintando, hasta lograr la fama mundial. Era intuitivo y contradictorio, pasó por varias etapas, pero sus mejores obras pertenecen a la impresionista, donde reflejó como nadie la alegría de vivir a través de escenas cotidianas y de ocio, llenas de color. *Baile en el Moulin de la Galette* es su obra más famosa.

Claude Monet fue, sin duda alguna, el más gastrónomo de todos los impresionistas. Creció en Le Havre y hasta bien entrado en los cuarenta años vivió de su familia. Finalmente se asentó en Giverny, donde, siendo ya una celebridad, se dedicó a sus dos grandes pasiones: la pintura y la comida.

Su cuadro *Impresión, sol naciente* dio nombre al movimiento, aunque inicialmente lo de impresionista fue un apelativo más de burla que descriptivo. La pintura de Monet era espontánea, intuitiva, optimista y libre.

Las olvidadas

Mary Cassatt nació en Estados Unidos, pero vivía en París cuando los impresionistas emergieron. Fue amiga de Degas, cuya pintura le influyó muchísimo, y fue la responsable de llevar el impresionismo a América. Su trabajo siempre fue lo primero, por lo que no se casó ni tuvo hijos.

Otra figura femenina clave fue Berthe Morisot. Nació en Bourges, en el corazón de Francia, tierra de lentejas, queso, vino y chocolate. Participó en la primera exposición impresionista de 1874 y en casi todas las siguientes. Tuvo una carrera de notable éxito, aunque siempre a la sombra de los nombres fuertes del movimiento, a pesar de que siempre fue respetada y valorada por sus colegas.

Los postimpresionistas

Paul Gauguin nació en París, en una familia adinerada de ascendencia española. Aventurero y de carácter arrogante, dejó a su mujer, a sus cinco hijos y el mundo civilizado cuando se arruinó, para irse a vivir a Tahití, donde pasó los últimos años de su vida rodeado de jovencísimas amantes. Allí realizó sus obras más famosas.

Hablar de Gauguin nos lleva inevitablemente a Vincent van Gogh, autodidacta y de vocación tardía y cuya pintura era apasionada y desgarrada. Nació en Zundert, Holanda, hijo de un pastor protestante. Intentó seguir la carrera religiosa de su padre hasta que, de golpe, empezó a pintar. Ya no pararía de hacerlo hasta su muerte. Subvencionado por su hermano Theo, con el que mantuvo una continua correspondencia, se marchó primero a París, donde conoció a Toulouse-Lautrec. Posteriormente, en Arlés, compartió casa con Gauguin, quien lo menospreciaba. Tras una de sus muchas trifulcas, Van Gogh se cortó la oreja. Los ataques de epilepsia, el fracaso estrepitoso de sus obras y su atormentada personalidad lo llevaron a dispararse en el pecho a los treinta y siete años.

Sus cuadros eran un estallido de color, y en un principio fueron criticados y rechazados, pero finalmente aclamados por su originalidad y expresividad. ¡Un avanzado a su época! En su primera etapa encontramos su obra más gastronómica: *Los comedores de patatas*, donde unos humildes campesinos cenan unas sencillas patatas asadas. Nacido en París, Georges Seurat era extremadamente minucioso, lo que le alejaba del grueso de los impresionistas. Sus obras de gran formato bajo la técnica del puntillismo son asombrosas. Como Van Gogh, no tuvo éxito en vida y murió joven. Más que un genio, que también lo fue, se le puede considerar un auténtico obseso del trabajo: recurrió a multitud de bocetos y a una particular manera de entender el color como generador de emociones.

La existencia atormentada del artista parece un clásico que se repite una y otra vez, pero en el caso de Henri Toulouse-Lautrec parecía casi inevitable. Una malformación de nacimiento y dos caídas cuando era niño dejaron sus piernas mucho más cortas de lo habitual, lo que le provocó un complejo de por vida que solo el alcohol alivió. De familia aristócrata, fue también ilustrador y retrató como nadie la vida de los cabarets y clubes nocturnos de París, especialmente el Moulin Rouge, inaugurado en 1889. Estuvo muy influido por Degas, prefirió pintar en interiores y centrarse en la figura humana. Murió enfermo en 1901, con apenas treinta y seis años, en casa de su madre.

Más allá del impresionismo

Una de las respuestas al impresionismo fue el fauvismo (que viene de *les fauves*, «las fieras»), que a principios del siglo xx se situó a la cabeza de la vanguardia artística con obras cuya máxima característica será el uso radical del color. A partir de aquí, los colores serán libres y Henri Matisse será su mejor embajador.

Nacido en el norte de Francia en una familia de clase media, empezó a pintar con veinte años, mientras estaba convaleciente de una apendicitis. Tras el fauvismo, que fue corto pero intenso,

Matisse siguió creando una pintura libre y personal que lo convirtió en uno de los artistas más importantes del siglo xx. Sus mayores influencias fueron Cézanne, Gauguin y Van Gogh.

En el cine

Uno de los hijos de Pierre Auguste Renoir se convirtió en uno de los más grandes directores de cine de la historia: el inigualable Jean Renoir, quien dirigió películas tan increíbles como *Boudu salvado de las aguas* (*Boudu sauvé des eaux*, 1932), *Toni* (1935), *La regla del juego* (*La règle du jeu*, 1939), *La gran ilusión* (*La Grande Illusion*, 1937), *El río* (*The River*, 1951) o *La comida sobre la hierba* (*Le déjeuner sur l'herbe*, 1959). ¡A la altura del padre!

Hay dos biografías que merece la pena destacar. En 1956, Vincente Minnelli dirigió *El loco del pelo rojo* (*Lust for Life*), una magnífica película sobre Vincent van Gogh, protagonizada por Kirk Douglas. Por su parte, el gran John Huston dirigió en 1952 una película sobre Henri Toulouse-Lautrec protagonizada por José Ferrer. Su título, cómo no, es *Moulin Rouge*.

TERRINA DE PATÉ DE CAMPAÑA

10-12 personas

25 min

reposo

horneado

Ingredientes

· 400 g de lomo de cerdo ibérico o carne magra ibérica
· 300 g de hígado de cerdo
· 250 g de tocino ibérico
· 130 ml de nata para cocinar
· 40 ml de coñac
· pimienta negra al gusto
· sal al gusto
· pimienta de Espelette

Monet era un gran recopilador de recetas, aunque él no cocinaba, y existe un libro con su dieta habitual en Giverny. En ella se incluyen aves asadas como parte imprescindible de sus cenas. El paté de campaña, en cambio, parece que era fijo en las comidas.

En su famoso cuadro Almuerzo campestre *se distinguen vino, fruta, embutido, una baguette, un recipiente de paté de campaña y un hermoso pollo asado. Se sabe que la acción del cuadro, que originalmente era mucho más grande y completo, se localiza en el bosque de Fontainebleu, cerca de París. Usaremos la receta tradicional francesa del Larousse Gastronomique, aunque adaptada a nuestros productos.*

Preparación

Cortamos el hígado en trozos y los echamos en un bol. Salpimentamos. Añadimos también un poco de pimienta de Espelette. Vertemos todo el coñac. Removemos y dejamos macerar 2 horas en la nevera.

Quitamos la grasa superficial del lomo o de la carne magra y la cortamos en tacos. Cortamos también en tacos el tocino ibérico, tras quitarle la piel.

Retiramos el exceso de coñac del hígado. Picamos el hígado con la carne y el tocino. Lo ideal es hacerlo con una picadora de carne. Si no, podemos pedir en la carnicería que nos lo piquen o, como último recurso, picarlo a cuchillo con paciencia. Lo que no se debe hacer es triturarlo con un robot. Rectificamos de sal y pimienta si fuera necesario. Añadimos la nata y mezclamos hasta que esté bien integrada. Con estas cantidades nos salen dos terrinas de 500 g cada una aproximadamente.

Precalentamos el horno a 210 °C. Cubrimos las terrinas con papel de aluminio y las colocamos dentro de una bandeja de horno. Llenamos de agua hasta la mitad del recipiente de la terrina y horneamos durante 35 minutos. Pasado ese tiempo, retiramos el papel de aluminio y horneamos durante 35 minutos más.

Dejamos entibiar a temperatura ambiente y reservamos en la nevera 12 horas hasta consumirlo.

Descubre más

Las mejores recetas de la historia

SIGLO XX

Albert Einstein

El desayuno del genio

Hay trescientos mil millones de estrellas en nuestra galaxia. Hay cientos de miles de millones de galaxias en nuestro universo. Es muy posible que haya más universos de los que nuestra mente pueda imaginar. Nuestra vida es insignificante, pero tranquilos, el desayuno de un genio le puede dar sentido a todo este tinglado.

Sin duda alguna, Albert Einstein fue el científico más famoso e influyente del siglo xx. Ganó el Premio Nobel de Física en 1921 y revolucionó nuestra visión del mundo y, especialmente, del universo con sus teorías, en un principio acogidas tibiamente, pero que poco a poco fueron confirmándose. Un joven de veintiséis años que trabajaba en una oficina de patentes fue capaz de descifrar misterios de la física como la velocidad constante de la luz, la equivalencia masa-energía, la existencia de las moléculas o el efecto fotoeléctrico. Todo ello por su cuenta y con la única ayuda de la matemática Mileva Maric, su primera esposa.

Luego desarrollará la célebre teoría de la relatividad, que lo hará mundialmente famoso, aunque en el fondo casi nadie la entienda. Ni antes ni ahora.

La llegada a América

Como era de origen judío, el auge del nazismo en Alemania propició la marcha de Einstein a Estados Unidos en 1932, justo un año antes de que Hitler ascendiera al poder. Se fue con su prima y segunda mujer, Elsa, dejando atrás a Mileva y sus dos hijos.

Igual que cualquier mortal, Einstein tenía sus manías. Una de ellas era dormir diez horas, lo que supuestamente podría estimular aún más su inteligencia. Otra, no llevar calcetines. Una menos extraña era no tener coche e ir caminando hasta el trabajo. Y una gastronómica: desayunar cada día dos huevos fritos. Su desayuno habitual y comida favorita en Estados Unidos era la típica tostada americana de huevos fritos con champiñones.

Se dice de Einstein que era un tipo sencillo, de vida austera y gustos nada refinados, y que su pasión era su trabajo como físico y profesor. Pero lo cierto es que su fama era enorme, lo que hizo que viajara constantemente, ya fuera para dar conferencias o para acudir a actos públicos, donde se codeaba con todo tipo de mandatarios y celebridades. Uno de sus encuentros más recordados fue con el gran Charles Chaplin, con quien compartía su pasión por la música.

¿Más curiosidades? Aunque era un declarado pacifista, una carta suya al presidente Roosevelt inició el proceso de creación de la bomba atómica. Eso sí, Einstein finalmente no participó en su desarrollo. La lista de amantes y aventuras varía según la fuente consultada, pero está claro que la fidelidad no era su mayor virtud. Y otra más: el todopoderoso director del FBI, John Edgar Hoover, lo investigó durante años, obsesionado y convencido de que era comunista.

Einstein vegetariano

Einstein era un vegetariano teórico. Sin embargo, no fue hasta los últimos años de su vida cuando también lo fue en la práctica. Comió carne y pescado, aunque en alguna ocasión dijo que siempre lo hizo con cierto cargo de conciencia.

Se sabe que le gustaban los espaguetis, la sopa de lentejas con salchichas, las espinacas y las fresas con nata. Murió el 18 de abril de 1955 a los setenta y seis años. Fue incinerado ese mismo día para evitar un funeral multitudinario, pero su cerebro fue previamente extraído y ocultado para su estudio. Una última curiosidad en la vida de uno de los mayores genios, si no el que más, de la historia.

En el cine

La película más insólita jamás realizada con Albert Einstein de protagonista es *Insignificancia* (*Insignificance*), dirigida por el británico Nicolas Roeg en 1985. Narra un encuentro ficticio en una habitación de hotel entre el genio alemán y Marilyn Monroe, perseguida por su marido Joe DiMaggio. El beisbolista está celoso tras verla rodar la famosa escena de la falda levantada por la ventilación del metro de *La tentación vive arriba*.

National Geographic produjo en 2016 la serie *Genius: Einstein*, un repaso a la vida del científico alemán a partir de dos momentos cruciales: sus primeras investigaciones con Mileva y la llegada a América.

Con argumentos basados en las teorías de Einstein tenemos unas cuantas películas que merecen ser mencionadas: la excelente *Interstellar* (2014), de Christopher Nolan; la divertida *Regreso al futuro* (*Back to the Future*, 1985), de Robert Zemeckis; la impactante *Ultimátum a la Tierra* (*The Day the Earth Stood Still*, 1951), de Robert Wise; la fantástica *Medianoche en París* (*Midnight in Paris*, 2011), de Woody Allen, o la enigmática *Donnie Darko* (2001), de Richard Kelly.

HUEVOS FRITOS CON CHAMPIÑONES Y ESPINACAS

Este desayuno de campeones es digno de todo un genio. No hay mejor manera de empezar el día que lleno de vitaminas y proteínas. Tradicionalmente, este plato se suele acompañar con una buena rebanada de pan tostado, lo que lo convierte en un desayuno aún más completo. Es una receta muy fácil y rápida de hacer.

👤 **2 personas**

🕐 30 min

Ingredientes

- 3 huevos L ecológicos
- 300 g de champiñones o portobellos
- 1 ajo
- 50 g de espinacas baby
- escamas de chile
- aceite de oliva
- sal
- pan

Preparación

Limpiamos y laminamos 300 g de champiñones o portobellos. Ponemos una sartén con un chorrito de aceite de oliva virgen extra. Añadimos un ajo picado muy finamente y dejamos que se sofría a fuego medio-bajo. Cuando empiece a cambiar de color, incorporamos todos los champiñones y salamos al gusto. Vamos removiendo de vez en cuando para que se vayan cocinando todos por igual.

Cuando se haya evaporado el agua de los champiñones, significa que ya estarán prácticamente cocinados. Incorporamos las hojas de espinacas baby y removemos un par de minutos para que se mezclen con los champiñones.

Hacemos tres huecos para echar los huevos. Cascamos el huevo en un bol y lo echamos en uno de los huecos que hemos hecho. Cascamos y añadimos un segundo y un tercer huevo. Echamos un poquito de sal a cada huevo y dejamos que se cocinen a fuego medio.

Descubre más

Cuando ya estén listos, echamos unas escamas de chile (o un poco de pimentón picante) por encima. El toque picante le va genial a este plato.

Servimos las raciones sobre unas rebanadas de pan tostado.

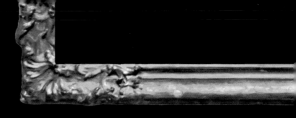
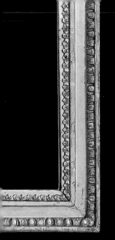

SIGLO XX

La comida en la Segunda Guerra Mundial

Líderes y soldados

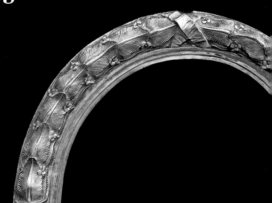

¿Qué comían los líderes de la Segunda Guerra Mundial? En este capítulo haremos un recorrido por los platos favoritos de los mayores implicados en la gran guerra que asoló Europa y parte del mundo a mediados del siglo pasado. Pero, además, también repasaremos brevemente el menú de algunos de los soldados en el frente. Hay tanta información y material sobre este tema que daría para redactar decenas de capítulos.

En Estados Unidos gobernaba Franklin Delano Roosevelt, del que ya hablamos en el capítulo dedicado a los presidentes americanos. Sus gustos eran sencillos y tradicionales: pastel de carne, huevos revueltos, beicon, queso, *hot dogs*... Y el *pecan pie* que preparaba su mujer Eleanor.

El soldado estadounidense disponía de la llamada Ración K, un kit de alimentación que incluía galletas, azúcar, café, cigarrillos y chicles. Las conservas eran el alimento principal y solían ser de carne, huevos, queso y fruta. Completaban la dieta con chocolate, caramelos y cereales. El kit suponía un alimento repetitivo y con poco sabor, pero fácil de transportar y de larga duración. Estas raciones eran tan prácticas que acabaron abasteciendo incluso al resto de los aliados.

Los más *foodies*

Winston Churchill, el primer ministro británico, era todo un gastrónomo que disfrutaba de la buena comida, el buen whisky y el mejor coñac. Sus bocados favoritos eran muchos: las ostras, la sopa de tortuga, el queso *gruyère* y el Stilton, los curris indios, el solomillo Wellington, el rosbif o el estofado irlandés. Las cenas eran su mejor mesa de negociación y podían alargarse durante horas. Sus desayunos también eran épicos: huevos, tostadas, mantequilla, café, zumo, salchichas, embutido, fruta, un vaso de whisky y un puro. ¡Y vivió noventa años!

Josef Stalin, el mandamás de la Unión Soviética, rivalizaba con Churchill en su afición por la comida. En sus tiempos en Siberia se aficionó enormemente al pescado crudo. Al parecer, también era un fanático de los plátanos. Pero casi todas las fuentes coinciden en que su plato favorito era el *satsivi* de pollo, un plato típico de Georgia, antigua república soviética y país de larga tradición gastronómica, y de donde era natural Stalin. Es un plato con múltiples variantes cuya principal particularidad es la salsa de nueces que la acompaña. Esta salsa se llama *satsivi*.

El *satsivi* lleva dos ingredientes imprescindibles, sin los cuales podríamos decir que no es *satsivi*: uno son las nueces y el otro es el *khmeli suneli*, una mezcla de especias típica georgiana. Las especias que la componen suelen ser fenogreco, cilantro seco, ajedrea, granos de pimienta negra, eneldo seco, una hoja de laurel y mejorana. El *satsivi* es una pasta o salsa que luego se puede añadir a muchas preparaciones, no solo al pollo. Consta de nueces, ajo, perejil, *khmeli suneli*, vinagre de vino blanco y caldo de pollo.

Como detalle anecdótico, uno de los cocineros de Stalin era, nada menos, el abuelo paterno de Vladimir Putin. El propio presidente ruso lo reveló en una entrevista en 2018. No sabemos cómo prepararía el abuelo de Putin el *satsivi*, pero seguro que debió de hacerlo en multitud de ocasiones.

La comida de los soldados soviéticos durante la guerra era bastante casera: sopas variadas y guisos con carne eran los platos habituales, complementados con pan, pasta, pescado, verduras, té y cigarrillos. Los pilotos añadían al menú lácteos y huevos. Y los marineros eran los más afortunados, pues tomaban vino, encurtidos y hasta bizcochos. Sin embargo, las raciones no eran para volverse loco, y en el transcurrir de la guerra fueron evaporándose. El ejército debió alimentarse de la ayuda americana o, directamente, de la comida del pueblo, que se quedó sin apenas sustento.

Charles de Gaulle, el líder de la Francia libre durante la ocupación nazi, era muy patriótico en sus gustos gastronómicos. Le gustaban los quesos franceses, el champán francés y los platos tradicionales, cómo no, franceses. No hay mucha más información al respecto, pero el conejo con ciruelas, típico del norte de Francia, es uno de los platos que más se mencionan como su favorito.

Los países del eje

Benito Mussolini, el dictador italiano, tenía unos gustos bastante curiosos. Según el libro *The Dictator's Dinner*, al Duce no le gustaban la pasta, la pizza ni las patatas. En cambio, se volvía loco con un simple plato de ajos con aceite de oliva y limón. Otras fuentes también aseguran que su úlcera estomacal provocó que siguiera una sencilla y única dieta a base de verduras y carnes hervidas. La comida para Mussolini no era, desde luego, una prioridad.

De Adolf Hitler se ha dicho muchas veces que era vegetariano. En la película *Moloch* de Aleksandr Sokurov se afirma con rotundidad, aunque no queda claro si lo es por convicción o por pura provocación. Una de sus catadoras supervivientes también lo afirmó. Otras fuentes, en cambio, lo ponen en duda. Por ejemplo, en *The Dictator's Dinner* se dice que entre sus platos favoritos estaba el pichón relleno. Las típicas albóndigas alemanas de hígado de ternera o la trucha con salsa de mantequilla también aparecen entre sus predilecciones.

Es verdad que su alimentación, por problemas de estómago, no solía incorporar carnes y, en cualquier caso, se pudo hacer vegetariano en los últimos años de su vida. Según un informe de la inteligencia británica fechado en 1945 y que vio la luz en 2009, durante los dos últimos años de la guerra únicamente comía patatas con verdura y algo de fruta. Eso sí, su cocinera debía tener siempre preparado *apfelkuchen*, un pastel típico alemán de manzana, nueces y pasas que el Führer devoraba de forma compulsiva por las noches.

Hay muchas películas sobre Hitler y el nazismo, no solo del género bélico, también comedias, dramas, aventuras o documentales. *El gran dictador* (*The Great Dictator*, 1940) de Charles Chaplin quizá sea la mejor y la más conocida. También merecen mención de honor *Tormenta mortal* (*The Mortal Storm*, 1940), de Frank Borzage; *Ser o no ser* (*To Be or Not to Be*, 1942), de Ernst Lubitsch; *El hundimiento* (*Der Untergang*, 2004), con su ya famosa secuencia-meme de Hitler enfadado; la antes mencionada *Moloch* (1999) de Sokurov, o *Malditos bastardos* (*Inglourious Basterds*, 2009) de Tarantino, con final sorpresa.

Fue muy influyente *El triunfo de la voluntad* (*Triumph des Willens*, 1935), el documental que el propio Hitler encargó a la cineasta Leni Riefenstahl.

Por supuesto, no puede faltar *Shoah* (Claude Lanzmann, 1985), el monumental fresco histórico de nueve horas de duración sobre el holocausto judío. El cine es una manera apasionante de acercarse, desde diferentes estilos y épocas, al horror de aquella guerra.

Los soldados alemanes disponían de una dieta bastante completa: pan, margarina, embutido, queso, pescado en conserva, mermelada, verduras, pasta, arroz y carne fresca. Ocasionalmente, también huevos y fruta. No faltaban cigarrillos ni café. Todo esto fue menguando conforme avanzaba la guerra. En Normandía, el día del desembarco, apenas tenían galletas y carne enlatada. Y en Stalingrado, donde quedaron cercados por los rusos y la nieve, acabaron literalmente muriéndose de hambre.

Recuerdos felices

Al emperador japonés Hirohito, como al resto de los grandes líderes, la guerra no le afectó demasiado en sus hábitos alimenticios. Aunque pueda resultar chocante, la comida favorita del emperador nipón era el desayuno típico inglés que solía tomar cada mañana: huevos, tocino, salchichas, tostadas y tomates fritos. Quizá fuera porque le recordaba a su viaje a Londres, cuando aún era el príncipe heredero. Siempre dijo que aquel viaje por varias ciudades europeas fue el momento más feliz de su vida. Y ya sabemos el tremendo poder evocador que tiene la comida.

Su aguerrido ejército se alimentaba principalmente de arroz, acompañado de pescado y verduras. Completaban la dieta con latas de carne, fruta, leche, té, azúcar y galletas. Probablemente, el menú más sencillo de todos.

La guerra transcurrió en muchos frentes y a lo largo de diferentes años, por lo que aquí hemos dado datos muy genéricos sobre la alimentación de las tropas. Para profundizar sobre el tema es necesario acudir a la abundante bibliografía e información que existe al respecto.

¡Más cine, más cine!

Ya hemos mencionado algunas películas, concretamente las centradas en el nazismo, pero la filmografía existente sobre la Segunda Guerra Mundial es abrumadora, aquí el cine sí que se ha empleado a fondo. Aparte de las ya citadas, destacaremos cuatro obras más que resultan poco menos que imprescindibles. Por ejemplo, *Roma, ciudad abierta* (*Roma città aperta*, 1945) de Roberto Rossellini, que revolucionó la forma de hacer cine en una Europa en ruinas. *Tiempo de amar, tiempo de morir* (*A Time to Love and a Time to Die*, 1958) es un melodrama romántico con la firma del rey del melodrama, Douglas Sirk. *Un condenado a muerte se ha escapado* (*Un condamné à mort s'est échappé ou Le vent souffle où il veut*, 1956) es una de las obras cumbre de Robert Bresson. Y finalmente tenemos *El puente sobre el río Kwai* (*The Bridge on the River Kwai*, 1957), de David Lean, un espectáculo ambientado en la selva tailandesa con William Holden y Alec Guinness como protagonistas.

Las mejores recetas de la historia

APFELKUCHEN (tarta de manzana)

Esta tarta tradicional de manzana era la favorita de Adolf Hitler, con el clásico acompañamiento de nueces y pasas. Al parecer, el Führer era bastante meticuloso con el hecho de que las tiras de manzana estuvieran perfectamente alineadas.

En cualquier caso, es un postre perfecto para todo tipo de gustos. Muy recomendable hacer la masa también casera, le dará ese toque tan especial que tienen las tartas 100 % caseras.

👤 **10-12 raciones**

🕐 50 minutos

💤 reposo

🔲 horneado

Ingredientes

PARA LA MASA

· 150 g de harina de trigo
· 100 g de almendras molidas
· 1 huevo L
· 60 g de mantequilla sin sal en cubos
· 70 g de azúcar moreno
· una pizca de sal

PARA EL RELLENO

· 1 kg de manzanas variedad Golden
· 200 g de nata fresca (o nata para montar)
· 80 ml de leche entera
· 1 limón
· 3 huevos L
· 40 g de azúcar moreno
· 45 g de pasas de Corinto
· 40 g de nueces
· ½ cdta. de canela molida

Preparación

En un bol echamos todos los ingredientes de la masa, desmigándolos con ayuda de las manos. Es importante que la mantequilla esté bien fría, por lo que es recomendable meter los cubos de mantequilla en el congelador 15 minutos antes de utilizarlos. Una vez que tengamos toda la mantequilla integrada en la masa, tendremos algo parecido a arena humedecida. Formamos una bola, la envolvemos con papel film y reservamos en la nevera durante 30 minutos.

Estiramos la masa entre dos papeles vegetales. Enmantequillamos un molde apto para el horno, en este caso de 24 cm, colocamos papel vegetal en la base y cubrimos todo el molde con la masa. Si se rompe o no cubre todos los lados por igual, es tan sencillo como cortar el sobrante y cubrir las partes que se hayan quedado sin masa. Alisamos bien, cubrimos con papel vegetal y colocamos encima unos garbanzos secos para que hagan de peso sobre la masa. Horneamos durante 10 minutos con el horno precalentado a 200 °C. Pasado el tiempo, retiramos los garbanzos secos y el papel y dejamos hornear 10 minutos más.

Pelamos las manzanas y las descorazonamos. Las cortamos en gajos y las echamos en un bol. Exprimimos el zumo de un limón y removemos las manzanas. Así hasta terminar con todas. Echamos el azúcar, las pasas, la canela y las nueces y mezclamos bien. Reservamos.

En otro bol echamos la nata fresca, la leche y los huevos. Batimos ligeramente con ayuda de unas varillas. Reservamos.

Sacamos la masa del horno y echamos las manzanas en el interior de esta. Procuramos dejar cantidad suficiente para terminar la tarta dándole una forma bonita. A continuación, vertemos la mezcla que teníamos reservada de nata, leche y huevos. Horneamos durante 60 minutos a 200 °C. Si se dora demasiado, podemos taparla con papel de aluminio. Una vez finalizado el tiempo de cocción, dejamos enfriar a temperatura ambiente y reservamos en la nevera.

Es recomendable comerla de un día para otro. Se puede comer fría o calentarla 30 segundos en el microondas. Templada está aún más rica.

Descubre más

Las mejores recetas de la historia

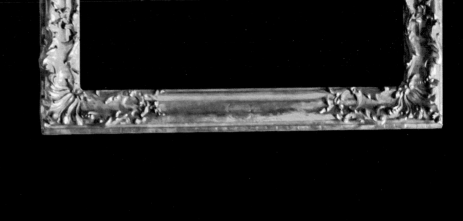

SIGLO XX

Frida Kahlo

La gloriosa comida mexicana

El dolor y el amor marcaron la existencia de Frida Kahlo. Que fuera cejijunta, pequeña y frágil no evitaba que fuera increíblemente atractiva. Que sufriera un terrible accidente a los diecinueve años que la dejó marcada y lastrada de por vida no impidió su enorme empuje y ganas de vivir. A eso hay que sumarle inteligencia, creatividad, una personalidad arrolladora y una mentalidad abierta y moderna. Como otros pintores a lo largo de la historia, el éxito le llegó tarde y su prematura muerte fue clave para descubrir definitivamente el valor de su obra. Sin embargo, para Frida Kahlo el éxito como artista nunca fue un objetivo. Pintaba para sí misma, no para los demás.

El nombre de Frida Kahlo va ligado al de otro ilustre pintor: Diego Rivera. Se amaron apasionadamente, se casaron dos veces y sufrieron excepcionalmente el uno por el otro, especialmente Frida, incapaz de contener las innumerables infidelidades de Diego. El famoso pintor mexicano destacaba tanto por su oronda figura como por su éxito y apetito incansable por las mujeres. El colmo llegó cuando vivió una aventura con la propia hermana de Frida. Cuando se separaron, Frida se desquitó metiendo en su cama a hombres, mujeres e incluso amigos de la pareja (León Trotski, entre otros). Pero, tarde o temprano, siempre volvían a estar juntos.

La Casa Azul

Frida Kahlo nació, vivió y murió en la misma casa. La Casa Azul de Coyoacán, en Ciudad de México, fue construida por su padre y allí convivió con Diego Rivera. A Diego le apasionaba su trabajo y le chiflaban las mujeres, pero había otra cosa que le gustaba tanto como las dos anteriores: la comida.

En la Casa Azul la pareja disfrutó de su amor por todo lo mexicano, también en el terreno gastronómico: pozoles, chiles rellenos, moles, quesadillas y muchos postres no faltaban en sus fiestas o celebraciones con amigos.

La comida mexicana es una de las más ricas, diversas y sabrosas del mundo. Cada región tiene sus propios platos tradicionales, pero todos ellos están unidos por un denominador común, y es que la base de esta cocina sigue siendo fundamentalmente precolombina. El maíz, los frijoles, el chile y el tomate son ingredientes puramente mexicanos que han resistido hasta hoy como los ingredientes base de la cocina mexicana. Junto a ellos siempre han ido de la mano otros productos ya cultivados antes del descubrimiento como el nopal, la calabaza, el aguacate, la vainilla, la papaya o el cacao. La llegada de los españoles trajo nuevas técnicas y todos los productos ya conocidos en el resto del mundo: desde la cebolla y el ajo, hasta la naranja y el limón, sin olvidar las carnes como el pollo, el cerdo o la vaca. Pero también el arroz, el trigo, el azúcar o el café, así como nuevas especias y hierbas aromáticas.

La fusión de las preparaciones ancestrales con las nuevas técnicas y productos, así como el placer de los mexicanos por la comida, dio lugar a un completo y variadísimo catálogo de recetas. En la península de Yucatán se puede disfrutar de la sopa de tortilla y de la cochinita pibil. En el sur se encuentran platos tan atractivos como el chilpachole de jaiba. En las costas de Baja California, el pescado y el marisco son los reyes de la mesa. También lo son en la costa del Pacífico, donde destacan preparaciones como el aguachile, el ceviche o las sopas de pescado. En el norte y centro del país la carne es la estrella, ya sea a la barbacoa, en tacos o en guisos tradicionales que se degustan en prácticamente todo el país: pozoles, moles, enchiladas o chiles rellenos. Esto no es más que la punta del iceberg de una gastronomía tan compleja y variada que harían falta varias vidas para comprenderla en su totalidad.

Sandías como despedida

Frida Kahlo murió el 13 de julio de 1954 a los cuarenta y siete años. Su último cuadro, pintado días antes de morir, fue un bodegón con sandías en el que se leía la inscripción Viva la vida. Diego Rivera murió tres años después en la Casa Azul, con setenta. Enfermo e impedido físicamente para pintar los grandes frescos que lo hicieron célebre, sus últimos meses de vida los dedicó a hacer pinturas de estudio. Una de sus últimas obras fue un bodegón... con sandías.

En el cine

Hay dos películas que abordan la biografía de Frida Kahlo, aunque ninguna de ellas es especialmente destacable. *Frida, naturaleza viva* (1983) no es un *biopic* al uso. La película consta de diferentes fragmentos, sin conexión ni apenas diálogo, a través de los cuales se narran los episodios más importantes en la vida de la artista. La dirigió el mexicano Paul Leduc.

Frida (2002) resulta más entretenida y de narrativa más convencional que la anterior. Está dirigida por la estadounidense Julie Taymor y protagonizada por la popular actriz mexicana Salma Hayek.

Con la comida mexicana como gran protagonista, tenemos unas cuantas películas. Daremos tres ejemplos: *Como agua para chocolate* (1992), dirigida por Alfonso Arau según la novela de Laura Esquivel, *El ángel exterminador* (1962), penúltima película mexicana y una de las grandes obras de Luis Buñuel, el mayor cineasta español, y, por último, *Roma* (2018), la gran película de Alfonso Cuarón ambientada a inicios de los setenta y centrada en una empleada doméstica y la familia para la que trabaja.

MOLE POBLANO

6 personas

70 min

Ingredientes

- 2 pechugas de pavo
- 65 g de chile mulato
- 85 g de chile pasilla
- 85 g de chile ancho
- 75 g de manteca de cerdo ibérico
- ½ cebolla
- 1 ajo
- 1 tortilla de maíz dura
- 20 g de pan duro
- 15 g de pasas sultanas
- 30 g de almendras
- 15 g de pipas de calabaza
- 30 g de sésamo
- ¼ de cdta. de anís
- 1 clavo de olor
- ½ ramita de canela
- ½ cdta. de pimienta negra
- 140 g de chocolate negro
- 60 g de tomate triturado o pera
- azúcar (al gusto)
- sal

Esta receta de mole poblano se encuentra en el libro Las fiestas de Frida y Diego, *escrito por Guadalupe Rivera Marín, hija del pintor. Al parecer, era el plato favorito de Diego y fue su exmujer la que enseñó a Frida a prepararlo.*

Es un guiso potente, bastante picante, con un sabor muy peculiar, nada parecido a lo que hayáis probado antes. Una buena muestra de la riqueza y variedad de la cocina mexicana.

Preparación

Preparamos el caldo. Quitamos la posible grasa de las pechugas de pavo. Las introducimos en una olla rápida junto con una zanahoria, media cebolla, las judías, el puerro y un diente de ajo. Cocinamos durante 10 minutos a fuego medio a partir de que salga el pitorro de la olla. En una olla normal, lo tendríamos 30 minutos sin que llegue a hervir. Reservamos.

En una sartén echamos la mitad de la manteca de cerdo y pasamos los chiles enteros hasta que veamos que están tiernos, aproximadamente 1 o 2 minutos por cada lado. Los ponemos en una olla con agua muy caliente y ponemos al fuego hasta que rompa a hervir, en ese momento retiramos del fuego y procedemos a quitarles el tallo y las pepitas. Reservamos.

En la misma manteca donde habíamos sofrito los chiles sofreímos el ajo y la cebolla muy picados. Una vez sofrito, se añade la tortilla y el pan cortados en trozos muy pequeños, las pasas, las almendras, las pipas de calabaza, la mitad de las semillas de sésamo, el clavo, el anís, la canela, la pimienta, el chocolate y el tomate triturado. Removemos bien y dejamos sofreír durante 15 minutos a

PARA EL CALDO

· ½ cebolla
· 1 ajo
· 1 zanahoria
· 6 judías verdes
· ¼ de puerro

fuego medio-bajo. Agregamos los chiles y sofreímos 5 minutos más.

Echamos en una licuadora o robot un vaso del caldo de cocer el pavo junto con todo el sofrito y trituramos bien. Lo colamos para evitar que pasen las pepitas o trozos más grandes que sean molestos al paladar.

En una cacerola echamos la otra mitad de la manteca, añadimos la salsa anterior y dejamos hervir durante 5 minutos. Rectificamos de sal y agregamos azúcar. En la receta original no se indica la cantidad de azúcar, simplemente que tiene que quedar «dulcecito», así que vamos echando azúcar hasta encontrar el sabor adecuado: ligeramente dulce, pero no en exceso, y de gusto rico. Podemos añadirle más caldo si lo consideramos necesario, debe quedar una salsa bien espesa. Dejamos cocinar a fuego bajo durante 25 minutos. Echamos el pavo troceado y dejamos cocinar 10 minutos más.

Servimos las raciones, espolvoreamos sésamo por encima y acompañamos con unas buenas tortillas de maíz.

«La fusión de las preparaciones ancestrales con las nuevas técnicas y productos, así como el placer de los mexicanos por la comida, dio lugar a un completo y variadísimo catálogo de recetas.»

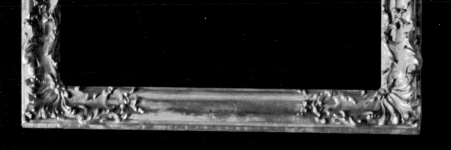

SIGLO XX

Muhammad Ali

El más grande de todos los tiempos

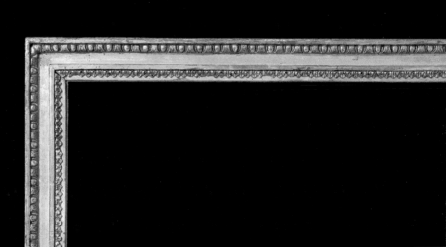

Nació en Louisville el 17 de enero de 1942 bajo el nombre de Cassius Marcellus Clay, su «nombre de esclavo», como diría el propio Ali años más tarde. Dijo otras muchas cosas a lo largo de su intensa vida, entre ellas, que se consideraba a sí mismo «*The Greatest of All Time*» («el más grande de todos los tiempos»). Así, sin más. Cuando se trata del campeón del mundo de boxeo de los pesos pesados, no hace falta especificarlo. Eres, simplemente, «el hombre».

La época más feliz para el boxeo fueron los años veinte, gracias al carismático campeón Jack Dempsey, cuyas batallas con Gene Tunney paralizaron a todo el país. Tras el crack del 29 hubo que esperar hasta finales de los años treinta para encontrar a un gran campeón. ¡Y vaya campeón! Joe Louis, el «Bombardero de Detroit», se convirtió en el primer campeón negro desde Jack Johnson (1915), defendiendo su título durante doce años. Tras él vendrán Rocky Marciano y su récord impoluto de 49-0. Quince años separan la última defensa de Louis con la primera de Sonny Liston, el incontestable campeón mundial de los pesos pesados, cuando un tal Cassius Clay se convierte en su retador.

El bocazas de Louisville

Dotado de una verborrea de la que carecía casi cualquier otro boxeador, Cassius Clay había acosado y provocado a Liston durante meses. Nadie dudaba que Liston noquearía fácilmente al joven bocazas, por muy campeón olímpico que este fuese. Sin embargo, el 25 de febrero de 1964 Clay sorprendió al mundo (y no sería la última vez) al derrotar a Sonny Liston, quien no salió a la llamada del séptimo asalto. La mafia, que controlaba las apuestas y a muchos campeones como Liston, había intentado echar sus garras sobre el nuevo monarca mundial, pero Clay tenía otros planes: se unió a la Nación del Islam (los musulmanes negros), cambió de religión y su «nombre de esclavo». Desde entonces, y así se presentó para la revancha con Liston, sería conocido como Muhammad Ali.

Fulminó a Liston en su segunda pelea e inició un reinado que parecía que iba a ser legendario. Nunca el mundo había visto a un peso pesado moverse como Muhammad Ali: «¡Vuela como una mariposa y pica como una abeja!». Su lucha en el ring se extendía fuera de él. No solo se enfrentó a la mafia, también al racismo y a la injusticia de una guerra. Un boxeador negro, musulmán y charlatán se iba a plantar ante el mismísimo Gobierno de Estados Unidos.

La guerra de Vietnam

Una de las intervenciones más famosas de Ali es la que tuvo lugar en 1966 para justificar su negativa a participar en la guerra de Vietnam. Básicamente, dijo que un negro maltratado por los blancos no iba a recorrer 10.000 km para matar a amarillos que no le habían hecho nada: «Ningún Viet Cong me ha llamado negrata». Ningún famoso se había atrevido a hacer algo así, ni siquiera Martin Luther King (lo haría un año después). La opinión pública (blanca) se le echó encima. Su licencia como boxeador quedó suspendida, fue desposeído del título mundial, juzgado y sentenciado a cinco años de cárcel. Aunque no cumplió la pena, su carrera quedó bloqueada durante tres años y medio, el tiempo suficiente para que la justicia le diera finalmente la razón y para que, tanto dentro como fuera de su país, las voces en contra de la guerra de Vietnam fueran en aumento constante. Un boxeador se convirtió, paradójicamente, en un icono del pacifismo.

Tras su vuelta en 1971, a Muhammad Ali aún le quedaba un buen puñado de combates apasionantes, como los tres que le enfrentaron a Joe Frazier o la mítica confrontación en Kinshasa con el gran George Foreman, donde Ali recuperó el título mundial ante la sorpresa de expertos y aficionados. Se convirtió, desde entonces, en una especie de *showman* sobre el ring. Fue el primer deportista que entendió que no era suficiente con ganar, también había que dar espectáculo. Entendió también que el futuro del deporte pasaba por la televisión, el único medio capaz de llevar las retransmisiones deportivas a todo el mundo. Pese a todo, alargó su carrera más allá de lo razonable. La enfermedad de Parkinson lo atrapó al poco de retirarse en 1981, a los cuarenta años. Con ella y con su enorme fama convivió hasta su último aliento, el 3 de junio de 2016.

La comida sureña

El estado de Kentucky, de donde era natural Muhammad Ali, forma parte del Sur de Estados Unidos. Está situado en el límite, más en el centro que en el propio sur, pero su tradición rural y la fuerte dependencia de la agricultura lo asemeja a otros estados sureños más típicos como Oklahoma, Luisiana, Misisipi, Arkansas o Texas.

La gastronomía en todos estos estados es muy rica y variada, reflejo de las múltiples influencias recibidas. Quizá las preparaciones más famosas de todo el Sur sean las carnes a la barbacoa, bien sazonadas con diferentes salsas o especias, dependiendo de la zona. Hoy en día, estas barbacoas son tan típicas en todo el país que han dejado de ser específicas del Sur. La fritura también gusta mucho, con el pollo frito del Kentucky Fried Chicken como símbolo de otra preparación que se ha propagado como la pólvora. También destaca la cocina cajún de influencia francesa o la tex-mex de influencia mexicana, otras dos modalidades culinarias extendidas con normalidad por todo Estados Unidos. Un viaje por el Sur gastronómico contradice todo lo que uno pueda pensar sobre los tópicos de la comida americana, pues estamos ante una variedad enorme de recetas sabrosas y repletas de estímulos.

En el cine

Ningún deporte ha sido más cinematográfico que el boxeo. La película casi unánimemente considerada como la mejor realizada sobre este deporte es *Toro Salvaje* (*Raging Bull*, 1980), dirigida por Martin Scorsese y con Robert de Niro en el pellejo del legendario peso medio Jake LaMotta.

Pero hay más películas que destacar. Por ejemplo, *Fat City, ciudad dorada* (*Fat City*, 1972), de John Huston, cuenta la historia de dos boxeadores de poca monta. Una clásica historia de perdedores, de las que tanto gustaban a Huston.

Gentleman Jim (1942) es una comedia que adapta libremente la vida de James J. Corbett, el primer campeón bajo las reglas del marqués de Queensberry. La dirigió el maestro Raoul Walsh con Errol Flynn como Corbett y Ward Bond como John L. Sullivan.

Sobre Muhammad Ali no hay mejor obra que *Cuando éramos reyes* (*When We Were Kings*), un documental sobre la gesta de Ali ante Foreman en Kinshasa en 1974. Las grabaciones del combate y los días previos durmieron en un cajón durante más de veinte años hasta que fueron rescatadas por el propio realizador, Leon Gast.

POLLO CON SALSA BARBACOA

👤 **4-6 personas**

🕐 25 min

🔲 horneado

Ingredientes

· 1 pollo de corral
· 2 cebollas
· aceite de oliva
· pimienta negra y sal

PARA LA SALSA

· 300 g de ketchup
· 40 g de cebolleta
· 1 ½ cucharadita de pimentón dulce
· ½ cdta. de cayena en polvo
· 1 ½ cdta. de ajo en polvo
· 2 cdtas. de sal
· 3 cdtas. de albahaca seca
· 3 cdtas. de tomillo seco
· 3 cdtas. de orégano seco
· ½ limón pequeño pelado
· 3 cdas. de miel
· 30 g de azúcar

PARA SERVIR

· 8-10 panecillos redondos
· brotes tiernos
· pepinillos, rábanos, aguacate

Esta receta de pollo era la favorita de Muhammad Ali. Su cuarta y última esposa, Lonnie, se la dio a la periodista Daene Gee para el libro A Recipe to End Hunger. *Si compramos el pollo asado y la salsa barbacoa hecha, es un plato que prácticamente se hace solo. Pero aquí nos gusta «complicarnos» y hacer las cosas caseras.*

Preparación

Abrimos el pollo al estilo mariposa, es decir, por la espalda, y poniendo la piel bocarriba en una bandeja de horno. Lo salpimentamos por todos los lados y le echamos un chorrito de aceite de oliva virgen extra. Horneamos durante 1 hora con el horno precalentado a 200 °C, opción arriba y abajo. Lo dejamos enfriar fuera del horno. Una vez frío le quitamos la piel y lo desmigamos.

Para preparar la salsa, echamos todos los ingredientes en una picadora y trituramos bien. Pasamos por un colador para que no queden restos de hierbas. En un bol echamos la carne desmigada, cubrimos con toda la salsa barbacoa y mezclamos bien.

En una olla de hierro fundido (o algún recipiente cerrado apto para el horno) colocamos en el fondo las cebollas cortadas en aros, y sobre estas la carne. Cerramos la olla y horneamos durante 2 horas 30 minutos con el horno precalentado a 150 °C.

Para servir, rellenamos los panecillos con brotes tiernos y una generosa cantidad de pollo a la barbacoa. Podemos añadir pepinillos, rábanos, aguacate o cualquier vegetal o salsa adicional que nos apetezca.

BIBLIOGRAFÍA

Al-Tugibi, Ibn Razin, *Relieves de las mesas, acerca de las delicias de la comida y los diferentes platos*, Gijón, Ediciones Trea, 2007.

Anderson, Emily, *The letters of Mozart and his family*, Londres, Palgrave, 1966.

Asimov, Isaac, *El Imperio Romano*, Madrid, Alianza Editorial, 1969.

—, *La formación de América del Norte*, Madrid, Alianza Editorial, 1973.

—, *El Cercano Oriente*, Madrid, Alianza Editorial, 1980.

—, *Los griegos*, Madrid, Alianza Editorial, 1981.

—, *Constantinopla. El imperio olvidado*, Madrid, Alianza Editorial, 1982.

Barfield, Sebastian y Das, John, *El imperio de los zares*, BBC, 2016.

Beeton, Isabella, *Mrs. Beeton's Book of Household Management: The 1861 Classic with Advice on Cooking, Cleaning, Childrearing, Entertaining, and More*, Nueva York, Skyhorse, 2015.

Bix, Herbert P., *Hirohito and the Making of Modern Japan*, Nueva York, Harper Perennial, 2001.

Bottéro, Jean, *The Oldest Cuisine in the World: Cooking in Mesopotamia*, Chicago, The University of Chicago, 2004.

Bryson, Bill, *A Short History of Nearly Everything*, Nueva York, Broadway Books, 2004. [Hay trad. cast.: *Una breve historia de casi todo*, Barcelona, RBA, 2016.]

Buckley Ebrey, Patricia, *Historia de China*, Madrid, La Esfera De Los Libros, 2009.

Caballero, Óscar, *Comer es otra historia*, Barcelona, Planeta Gastro, 2018.

Cabañas, Miguel, *Breve historia de Felipe II*, Madrid, Nowtilus, 2017.

Castor, Helen, *Joan of Arc: A History*, Nueva York, HarperCollins, 2015.

Chamorro, Inés María, *Gastronomía del Quijote. Un paseo culinario por los Siglos de Oro*, Madrid, Instituto Cervantes, 2016.

Chee Hwee, Tong y Wakiya, Yuji, *Cocinas del mundo: China*, Barcelona, Ciro Ediciones, 2005.

Clark, Victoria y Scott, Melissa, *Dictators' Dinners*, Londres, Gilgamesh Publishing, 2014.

Clot, André, *Suleiman the Magnificent*, Londres, Saqi Books, 2012.

Corcuera, Mikel, *Recetas de Leyenda*, Vizcaya, Bainet, 2004.

Corral, Alejandro, *El desafío de Florencia*, Barcelona, Ediciones B, 2019.

Del Río Moreno, Justo L., *El cerdo. Historia de un elemento esencial de la cultura castellana en la conquista y colonización de América (siglo XVI)*, Universidad de Cádiz, 1996.

Fernández-Armesto, Felipe, *1492: El nacimiento de la modernidad*, Barcelona, Debate, 2011.

Flandrin, Jean-Louis, *Historia de la alimentación: La comida de la vida*, Gijón, Ediciones Trea, 2004.

Galfard, Christophe, *El universo en tu mano*, Barcelona, Blackie Books, 2016.

Goodwin, Jason, *Los Señores del Horizonte. Una historia del Imperio otomano*, Madrid, Alianza Editorial, 2004.

Gristwook, Sarah, *Juego de reinas*, Barcelona, Ariel, 2017.

Kapuscinski, Ryszard, *Viaje con Heródoto*, Barcelona, Anagrama, 2010.

Kennedy, Diana, *Essential Cuisines of Mexico*, Londres, Clarkson Potter/Publishers, 2000.

Mardam-Bey, Farouk, *La cocina de Zyriab*, Barcelona, Zendrera Zariquiey, 2009.

Martínez-Pinna, Javier, *Eso no estaba en mi libro de Historia de la Edad Media*, Córdoba, Almuzara, 2019.

Mary Isin, Priscilla, *Bountiful Empire: A History of Ottoman Cuisine*, Londres, Reaktion, 2018.

Monroy de Sada, Paula, *Introducción a la Gastronomía*, México D.F., Limusa, 2004.

Murcia Otuño, Javier, *De banquetes y batallas*, Madrid, Alianza Editorial, 2007.

Bibliografía

Museu d'Arqueologia de Catalunya, *Mites de fundació de ciutats al món antic*, Barcelona, Generalitat de Catalunya, 2001.

Nottinghan Kelsall, Ann, «Donde el tigre reina soberano», en *Misterios de la humanidad: enigmas de los monumentos históricos*, Madrid, National Geographic, 1999.

Pisa Sánchez, Jorge, *Breve historia de los persas*, Madrid, Nowtilus, 2011.

Plotkin, Fred, *Italy for the Gourmet Traveler*, Londres, Kyle Books, 2010.

Poulain, Jean-Pierre y Neirinck, Edmond, *Historia de la cocina y de los cocineros*, Barcelona, Zendrera Zariquiey, 2006.

Remnik, David, *Rey del Mundo*, Barcelona, Debate, 2001.

Revel, Jean-François, *Un festín en palabras*, Barcelona, Tusquets, 1996.

Rivera Marín, Guadalupe y Colle, Marie-Pierre, *Las fiestas de Frida y Diego*, Nueva York, Crown, 1994.

Scicolone, Maria, *A tavola con il Duce*, Roma, Gremese, 2004.

Sebag Montefiore, Simon, *Los Románov: 1613-1918*, Barcelona, Crítica, 2016.

Stelzer, Cita, *Dinner with Churchill: Policy-making at the Dinner Table*, Londres, Short Books, 2012.

Swafford, Jan, *Beethoven: Anguish and Triumph*, Boston, Houghton Mifflin Harcourt, 2014.

Tannahill, Reay, *Food in History*, Nueva York, Crown, 1988.

Tolstói, Lev, *Resurrección*, Valencia, NoBooks, 1971.

Villagra Romero, Mabel, *La cocina en Al-Ándalus. Ochocientos años de tradición culinaria hispano musulmana en tu mesa*, Almería, Diputación Provincial de Almería, 2018.

VV. AA., *Diccionario Biográfico Español*, Madrid, Real Academia de la Historia, 2009.

VV.AA., *La era de los impresionistas*, Madrid, Globus, 1996.

VV. AA., *Larousse Gastronomique en español*, Madrid, Larousse, 2015.

Wolf, Kirsten, *Daily Life of the Vikings*, Westport, Greenwood Press, 2004.

Young, Nic, *El primer emperador: el hombre que creó China*, Lion Television, 2006.

Ziemann, Hugo y Gilette, Fanny, *The White House Cookbook*, Boston, Houghton Mifflin Harcourt, 1996.

María José Martínez y Víctor García crearon en noviembre de 2010 el blog *Las Recetas de MJ* como un espacio sin pretensiones, donde albergar recetas y experiencias gastronómicas. Año y medio después dieron el salto a YouTube. Desde entonces, más de un millón de personas se han suscrito al canal y los contenidos se han enriquecido y diversificado: recetas, viajes, restaurantes, cultura y series como #LaMejorReceta DeLaHistoria y #LaComidaEnElCine.

Por el canal han pasado cocineros del prestigio de Albert Adrià o Martín Berasategui; se han recreado recetas como el Ratatouille de la película de Pixar, la New York Cheesecake, las ocho ensaladas más famosas del mundo o la tarta Sacher original, que han obtenido millones de visitas; se ha realizado una exitosa serie sobre pan y bollería con el maestro panadero Xavier Barriga; y se ha dado la vuelta al mundo sin salir de la cocina a través de recetas de los cinco continentes.

Las recetas de las series #LaMejorRecetaDe LaHistoria y #LaComidaEnElCine las prepara MJ, mientras que Víctor se encarga de la parte histórica y la grabación de los vídeos.

AGRADECIMIENTOS

A todos los suscriptores del canal de YouTube que, desde su casa, nos siguen semana a semana y que tanto han apoyado la serie de vídeos #LaMejorRecetaDeLaHistoria. Gracias por ver los vídeos y animarnos en todo lo que hacemos.

A nuestros hijos, Hugo y Sara.

A nuestros amigos, que han sido pacientes y nos han ayudado a comer y probar todo lo cocinado; especialmente a nuestros vecinos y a los padres del fútbol.

A Gonzalo, nuestro editor, por confiar en este proyecto y hacerlo tan fácil.

A Emile Henry, por su colaboración con el menaje de muchas de las recetas del libro.